7일 안에 끝내는

면접
합격
시크릿

7일 안에 끝내는

면접 합격 시크릿

우지은 지음

21세기북스

면접은 준비된
자신감이다

"당장 다음 주가 면접인데, 코칭받을 수 있을까요?"

해마다 취업 시즌이면 다급한 목소리로 이렇게 묻는 전화를 받곤 한다. 참 이상하지 않은가! 합격의 당락을 좌우하는 최종 관문이 면접 이라는 건 다들 잘 알 텐데, 대체 왜 미리 준비하지 않는 걸까?

서류 전형이 통과할지조차 알 수 없는 상황에서 면접을 준비하기가 어렵기도 하고, 또 면접에 너무 많은 것이 걸려 있다고 생각해서 지레 겁먹고 준비하는 일을 하루하루 미루기도 한다. 막상 해보면 별것 아 닌데도 상상 속에선 무시무시하게 큰일로 느껴져 시도조차 하지 않는 일들이 우리의 삶에는 많이 있다.

고백하자면 한창 구직 활동을 하던 20대 중반의 나 역시 그랬다. 면접이 중요하다는 건 알고 있었지만 당장 눈앞에 닥친 필기시험 공부가 급했고 영어 점수를 조금이라도 더 높이고 싶었다. 면접은 솔직히 생각만 해도 두려운 것이었기에 1, 2차 합격자 발표가 나기 전까지는 그냥 잊고 싶었다. '면접 날짜가 정해지면 어떻게든 되겠지!'

대학을 졸업할 무렵 생애 첫 면접을 봤다. 당시 내가 생각했던 면접의 개념은 그저 면접관의 질문에 웃으며 졸졸졸 대답만 잘 하면 되는 것이었다. 무식하면 용감하다고, 근거 없는 자신감으로 별 준비 없이 면접에 임했던 나는 면접장에서 꿀 먹은 벙어리가 되고 말았다. 미리 생각을 정리하지 않으면 답하기 어려운 시사 문제는 그렇다 치고, 나에 대해 묻는 쉬운 질문조차 바로 대답하지 못했다. 적막이 흐르고 시선을 어디 둬야 할지 몰라 애꿎은 벽만 끔뻑끔뻑 바라보던 그 무안한 순간이 지금도 생생하다. 너무 부끄럽고 속상한 마음에 밤새도록 이불 킥을 해대던 심정을 혹시 당신도 알지 모르겠다.

누구나 이렇게 '서툰 처음'이 있다. 나도 그렇고 당신도 그렇다. 처음부터 잘하는 사람은 세상에 없다.

면접은 처음이 아니더라도 언제나 긴장되는 일이다. 이왕 첫 면접을 공개한 김에 가장 최근에 봤던 면접 경험도 슬쩍 들려주자면 이렇다. 2년 전 대학원 박사과정 입학을 위한 구술면접이었다. 16년간의 방송과 강의 경험이 무색할 만큼 면접장에 들어서기 직전까지 무척 긴장했다. 분명 예상했던 질문이었고 준비한 답변을 했는데도, 이런! 평소의 내가 아닌 듯 당황하고 있는 것이 아닌가! 물론 그간의 내공으로 티 나지 않게 마무리했으나 누군가 나를 '평가'하는 면접에 대한 압박감은 언제나 힘든 것임을 다시금 느꼈다.

요약하면, 면접은 누구에게나 긴장되고 부담스러운 일이다. 당신만 그런 것이 아니다. 스스로 만들어낸 심리적 고통의 굴레는 그만 벗어 버리자. 또한 면접은 제대로 준비하지 않으면 짧은 시간 안에 논리적이고 설득력 있는 답변을 하기 어렵다. 머릿속이 멍해져 아무 말도 못하거나 스스로도 이게 아닌데 싶을 엉뚱한 말만 하다 나올 가능성이 높다. 어렵게 잡은 면접 기회를 허무하게 날려버려서야 되겠는가. 기회는 준비된 자만이 잡을 수 있는 법이다.

아마도 당신은 면접 날짜를 얼마 남겨두지 않고 지푸라기라도 잡는 심정으로 이 책을 집어 들었을 것이다. 정말로 7일 만에 면접 준비를 끝낼 수 있을까?

물론이다. 회사가 면접을 통해 무엇을 확인하고 싶은지, 회사는 어떤 말을 듣고 싶은지조차 모르고 면접에 임하는 수많은 구직자들을 감안하면, 7일이란 시간은 아마 당신을 합격시키고도 남을 것이다. 면접이 얼마 남지 않은 만큼 진짜 꼭 알아야 할 핵심만을 이 책에 꾹꾹 눌러 담았다. 나 역시 구직자이기도 했지만 10년간 W스피치커뮤니케이

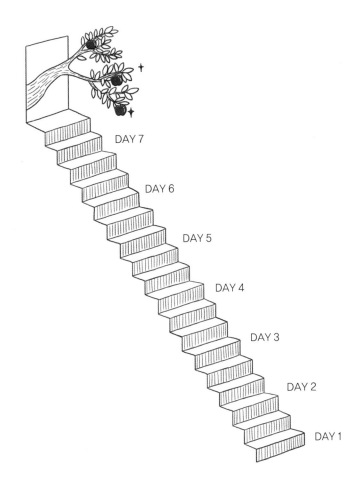

DAY 7

DAY 6

DAY 5

DAY 4

DAY 3

DAY 2

DAY 1

7단계 목표 달성 및 최종 합격

션 대표로서 사람을 뽑아보니 전혀 다른 시각과 관점으로 구직자를 관찰하게 되었다.

이 책은 먼저 면접에 대한 확실한 개념부터 잡고 시작한다. 면접은 대체 왜 보는지, 무엇을 보는지, 어떤 사람을 뽑는지 회사가 원하는 인재의 요건을 알아볼 것이다. 그런 다음, DAY 1에서 자기 자신에 대해 파악하는 시간을 갖고, DAY 2에서 직무의 핵심역량을 자신의 경험과 연결시켜 말하는 답변 패턴 훈련을 할 것이다. DAY 3에서는 회사 정보를 다양하게 파악하면서 면접 필수 질문들을 준비하고, DAY 4에서는 면접관의 숨은 의도를 파악하면서 주요 인성 질문에 답변하는 훈련을 집중적으로 해본다. DAY 5에서는 면접 스피치 핵심 팁 7가지와 함께 이를 활용한 연습을 하고, DAY 6에서는 사고하는 방법을 적용한 역량 면접 훈련을, DAY 7에서는 PT · 토론 면접의 요령을 집중적으로 알아볼 것이다. 'ACTIVITY(연습)'에 면접관의 귀와 눈을 사로잡는 보이스 트레이닝과 이미지 메이킹 방법도 상세히 실었으니 틈틈이 보면서 목소리와 외적 이미지도 다듬어보길 바란다.

매일의 훈련 과제를 성실히 마칠 때마다 행운의 합격 도장을 찍어보자. 힘겹게 입사 준비를 하던 시절, 나는 도장가게에 가서 '합격'이라고 쓰인 도장을 만들었다. 그날의 공부 계획량을 달성할 때마다 합격에 대한 간절함을 담아 빨간 도장을 꾹꾹 눌러 찍으며 스스로 동기부여를 했다. 그렇게 하루하루 내가 느꼈던 작은 성취의 기쁨을 당신과 함께 나누고 싶다. 이 책이 오늘도 고군분투하는 당신에게 합격의 기운을 전하리라 믿는다. **'합격!'**

딱 7일만 '할 수 있다!'는 긍정의 자세로 책을 따라 이론과 실전을 병행하며 집중해보라. PT, 토론 면접 없이 기본적인 인성·역량 면접만 준비해도 되는 회사라면 5일 정도면 충분하다. 자신의 생각을 정리해 손으로 쓰고, 입으로 연습할 수 있게끔 워크북 형태로 구성했다. 들으면서 연습할 수 있도록 모범 예시 오디오 파일을 첨부했고, 부가적인 설명이 필요한 부분은 유튜브 강의로도 준비했다. 부디 짧은 시간, 이 책을 통해 면접의 본질을 깨닫고 질문의 숨은 의도를 빠르게 짚어내 진정성 있는 답변을 하는 훈련을 해보자.

원하는 회사를 선택해 갈 수 있는 행운이 지금 당신의 손안에 있다. 당신의 합격을 미리 축하한다!

D-DAY 7
7일 안에 끝내는 면접 준비

WARM UP

면접에 대한
확실한 개념 정리

WARM UP
면접이란 무엇일까?

본격적인 준비를 시작하기에 앞서 면접에 대한 확실한 이해와 개념 정리를 하고자 한다. 회사에서 많은 시간과 노력, 돈을 들여가면서 면접을 왜 보는 지, 어떤 점을 보는지, 왜 자신은 보는 족족 떨어지고 자기보다 못한 것 같은 사람이 붙는지. 당신이 정말 궁금해하는 이유를 파헤쳐볼 것이다. 여기서 제 시한 개념만 확실히 이해해도 면접에서 어떻게 대처하고 답변해야 할지가 분 명해질 것이다.

면접, 도대체 왜 볼까

가슴에 손을 얹고 답해보자. 이력서에는 사실만 나열했다고 치더라도, 자기소개서에 기술한 당신이라는 사람이 진정 당신인가? 혹시 인터넷에 떠도는 글을 그대로 복사해서 붙여넣기를 하지는 않았는가? 다른 사람이 대신 써주지는 않았는가? 그게 아니라면 자신을 최대한 부풀리고 과장해서 굉장히 멋진 인물로 한껏 각색하지는 않았는가?

정도의 차이는 있을지언정 자기소개서가 실제보다 매우 꾸며진 내용이라는 것을 나도 알고, 당신도 알고, 면접관도 안다. 면접은 그래서 보는 것이다. 종이에 쓰인 내용은 곧이곧대로 믿을 수 없고, 됨됨이를 모두 알 수 없기 때문에 얼굴을 맞대고 이야기를 하면서 확인하는 것이다.

요즘의 포토샵 기술은 얼마나 대단한지 사진은 도무지 믿을 수가 없다. 게다가 요즘 구직자들의 스펙 자체는 훌륭하게 상향평준화되어 있는데, 막상 일을 시켜보면 학벌이나 스펙 등이 업무 능력과 크게 상관이 없다는 것을 회사는 이미 알아버렸다. 또 능력이 아무리 월등해도 인성이 좋지 않으면 결국은 조직에 해를 끼치고 만다는 사실을 회사는 경험했다. 그런 사람들을 걸러내기 위해 회사는 면접을 본다.

겉으로 드러나는 스펙이 아닌 진짜 그 사람의 됨됨이, 잠재된 능력, 창의력, 열정 등을 파악해 우수한 인재를 확보하기 위해 노력하는 것이다. 훌륭한 인재 한 사람은 열 사람, 아니 그 이상의 몫을 한다. 그런 인재들이 모여 성과를 창출하고 이를 동력으로 회사가 움직이고 성장한다. 경영자입장에서 면접은 회사의 미래가 걸린 무척 중요한 일이다.

때로 면접관이 매우 곤란한 질문을 던지고 압박을 해오더라도 무서워하거나 미워하지 말아라. 절대로 당신이 싫거나 마음에 들지 않아서 떨어뜨리려고 애쓰는 게 아니다. 오직 당신이 회사가 원하는 인재인지 확인하려는 과정일 뿐이다. 그 마음을 알고 담담히 대처하면 된다. **다시 한 번 기억하자. 면접관은 매우 절실히 우수한 인재를 뽑고 싶어 한다! 진정한 당신을 만나고 싶어 한다!**

YouTube 저자 강의
면접관의 심리,
그것이 궁금하다!

면접관의 눈은 속일 수 없다

면접관은 당신이라는 사람을 본다. 그것도 아주 조목조목 다 본다. 쉬운 예로 소개팅 경험을 떠올려보자. 약속 장소에 나타난 상대를 처음 보자마자 느낌이 팍 오지 않는가! 내 이상형인지 아닌지 한눈에 알 수 있다. 면접도 마찬가지다. 면접관은 첫눈에 보이는 지원자의 용모, 복장, 자세, 태도, 표정 등 외적인 이미지를 가장 먼저 살핀다. 깔끔하고 단정한 모습에 호감이 생기기도 하고 어두운 표정에 실망하기도 한다. 그리고 지원자가 입을 열어 인사할 때 목소리(음색, 크기, 억양, 발음, 어투 등)를 듣는 순간, 어떤 사람이라는 것을 대략 간파한다. 듣기 좋게 귓전을 울리는 중저음의 목소리, 맑고 활기찬 목소리는 분명 마음을 열게 하는 힘이 있다.

그렇게 면접이 시작된다. 삶의 가치관이 무엇인지, 목표나 비전이 무엇인지, 취미가 무엇인지, 학창 시절에는 어떤 경험을 했는지 등. 소개팅에서 상대가 궁금해서 묻는 것들을 면접에서도 똑같이 묻는다. 소개팅에서 상대가 나와 잘 맞는 사람인지 답변에서 단서를 찾고 짐작하는 것처럼, 면접에서도 지원자가 회사와 잘 맞는 사람인지, 회사가 찾고 있는 인재인지 답변에서 단서를 찾는다.

즉, 면접관은 당신의 외적 이미지, 청각적 이미지를 보고 듣고 느끼며, 당신의 답변으로 인성과 직무 역량을 총체적으로 파악한다. 면접의 모든 순간에 당신이라는 사람이 파악된다. 그러니 진실된 자기 모습을 보여줘야 한다. 면접장에서 진짜 소통이 이뤄지는 일은 실제로 많지 않다. 대부분은 형식적이고 똑같은 답변을 하고 어색한 침묵이 흐르고, 반쯤은 거짓말로 포장을 한다. 그 시간을 반복해서 견디는 면접관이야말로 진실한 인간과의 소통을 갈망하고 있다.

우리말 속담에 '아 다르고 어 다르다'는 말처럼 어떻게 표현하는가에 따라 분명 전달에 차이가 있다. 그런데 그 정도 포장의 차이가 아니라 오로지 합격을 목적으로 거짓으로 꾸며내 면접을 보는 경우도 많다. 면접에서는 연기를 해야 한다고 가르치는 면접 코치들도 더러 있다. 난 이건 아니라고 본다. 면접관이 아니라 스스로를 속이는 일이기 때문에 그렇다. 그렇게 합격한다고 한들 자신과 맞지 않는 일을 거짓된 모습으로 오래 버텨낼 수가 없다. 연기는 얼마 안 가 들통 나고 만다. 성과를 내지 못해 회사에 폐를 끼칠 뿐만 아니라 당신도 직장이 지옥처럼 괴로울 것이다. **본모습에 충실해야 결과적으로 자신과 맞는 직장을 만나 행복할 수 있다.**

YouTube 저자 강의
면접에 대한
5가지 오해

회사는 어떤 사람을 뽑을까

이제 갓 학교를 졸업했거나 사회생활이 길지 않은 20대의 경우, 시야의 폭이 자기 자신을 넘어서기가 쉽지 않다. 면접 역시 오로지 자신이 '취업'하기 위해 보는 거라고 생각하지, 회사의 입장에서 '채용'을 한다는 생각은 하기 어렵다. 그래서 보통의 구직자들은 취업하기 위해 "나는 이러이런 스펙과 능력을 가진 사람입니다. 나는 다른 지원자들보다 뛰어납니다. 그러니 뽑아주세요"라는 관점으로 면접에 접근한다.

하지만 회사 입장에서는 가장 잘나고 뛰어난 사람을 뽑는 것이 아니라 회사에 가장 적합한 사람을 찾고 있는 중이다. 그래서 당신이 지원하려고 하는 회사가 어떤 인재를 찾고 있는지 아는 게 매우 중요하다. 이 내용은 뒤에 회사와 직무 분석을 하는 파트에서 더 자세히 살펴보기로 하자.

회사마다 추구하는 핵심 가치와 비전, 미션과 인재상이 각기 다르더라도 모든 기업이 공통적으로 원하는 인재의 요건은 있다. 다음은 피터 드러커가 말하는 경영의 정의다. 이를 들여다보면 회사가 뽑고 싶은 인재의 요건이 보인다. "경영이란 인간에 관한 것이다. 경영의 과업은 서로 다른 기술과 지식을 가진 사람들이 공동의 성과를 올릴 수 있도록 하는 것이다. 각자의 강점을 활용해 공동의 목표를 달성하는 데 장애가 되지 않도록 만들어주는 것이다. 이것이 바로 조직이 해야 할 모든 것이다."

답이 보이는가? 회사는 직원들을 통해 회사의 비전과 미션, 사업 목표를 달성하고자 한다. 따라서 채용 과정에서 **회사의 관심은 오로지 지원자가 자신의 강점을 활용해 회사의 목표를 달성하는 데 얼마나 기여할지, 성과를 창출할 능력과 열정이 얼마나 되는지에 집중돼 있다.** 또한 대인 관계가 성과에 큰 영향을 미치기 때문에 성격이 모나지 않고 타인과 더불어 조직 생활을 잘 해나갈 수 있는 인성을 지닌 지원자를 선호한다. 이것을 쉽게 이해할 수 있도록 'COP'라는 개념으로 정리를 해보면 다음과 같다.

C - 역량(Competency)

일을 잘 해낼 수 있는 능력(직무 역량)을 말한다. 모든 업무는 문제 해결의 연속이다. 즉, 창의성(Creativity)을 발휘해 문제를 다양한 방법으로 해결해내는 사람을 조직은 원한다. 문제 해결을 위해서는 논리적이고 비판적인 사고(Critical thinking)를 할 줄 알아야 하고, 의견이 다른 사람들을 조율해 효과적으로 커뮤니케이션(Communication)하면서 협업(Collaboration)할 줄도 알아야 한다. 직종에 상관없이 모든 것이 빠르게 변화하는 4차 산업혁명 시대에 기업은 이 '4C'를 갖춘 인재를 원한다. 물론 해당 직무의 특성에 따라 일을 잘 해낼 수 있는 세부적인 역량은 조금씩 다르다. 4C와 더불어 해당 직무가 요구하는 역량이 당신에게 있는지를 회사는 파악하고자 한다.

O - 조직 친화성(Organization Friendly)

지금의 젊은 세대들은 개인주의, 이기주의적인 성향이 짙다. 여러 사람이 함께하는 조직 생활은 어쩔 수 없이 일정 부분 개인의 편의나 이익을 희생할 수도 있어야 하는데 지나치게 자기만을 생각하는 사람은 조직에서 종종 마찰을 일으킨다. 또 상대의 마음을 읽는 눈치라든지, 다른 사람에 대한 배려가 부족한 한 사람이 조직 전체의 분위기를 망치기도 한다. 아무리 특출한 능력이 있어도 나만 아는 이기적인 사람은 조직 생활에 어울리지 않는다. 따라서 면접에서 당신은 '**함께 일할 줄 아는 사람, 조직에 잘 융화되는 사람**'이라는 것을 어필해야 한다.

P - 열정(Passion)

열정적인 마음가짐, 적극적인 태도를 말한다. 희망과 목표를 가지고 노력하는 사람, 열정이 있는 사람이 결국 그 일을 해내게 되어 있다. 특히 신입사원을 채용할 때는 지금은 다듬어지지 않았지만 잘 키우면 쓸 만한 인재가 되겠다는 감이 오는 사람들을 뽑는다. 이 경우 '열정을 보여주는 것'이 곧 그 일을 할 수 있다는 잠재력을 보여주는 것과 같다. 객관적인 스펙은 완벽하지만 마음가짐이 별로인 지원자와, 스펙은 조금 부족하지만 마음가짐과 태도가 훌륭한 지원자 중에 회사는 어느 쪽을 채용할까?

단언컨대 후자를 선택한다. 기술과 능력은 교육으로 키울 수 있지만 그 반대의 경우는 향상시키기 어렵다. 스펙이 부족하더라도 면접을 어떻게 보느냐에 따라 판은 얼마든지 뒤집을 수 있다는 이야기다. 열정은 당신의 마음속 깊은 곳에서 우러나와 전달되는 것으로, 억지로 꾸민다고 만들어지는 것이 아니다. 생각해보자. 당신은 진정 자신의 삶과 일에 열정이 있는가?

이제 명확해졌다. 면접에서 당신이 할 일은 COP를 갖춘 인재로서 회사의 목표 달성에 기여할 인재라는 것을 증명하기만 하면 된다. 회사가 듣고 싶은 답변은 오로지 그것이다.

언제까지 예상 면접 질문을 하나하나 뽑고 그에 대한 모범 답안을 줄줄 외울 것인가? 분명 한계가 있다. 전혀 예상하지 못한 질문이 나오면 어떻게 할 것인가? 꼬리에 꼬리를 물고 이어지는 심층 질문에는 어떻게 대처할 것인가? 어떤 질문이든 그 핵심은 COP를 갖춘 인재인가 아닌가 하는 점이다. 모든 답변의 핵심을 관통하는 COP 법칙을 적용하는 훈련을 7일 동안 차근차근 해보자.

그대, 취업할 준비가 되었는가

진심으로 묻고 싶다. 당신은 누구인가? 어떤 사람인가? 왜 일을 하려고 하는가? 어떤 삶을 살고 싶은가? 삶의 가치와 목표, 비전은 무엇인가?

다시 한 번 묻는다. 당신은 정녕 취업할 준비가 되었는가?

수많은 구직자를 보건대 자신의 정체성을 확립하고 일의 의미, 가치, 삶의 비전 등이 뚜렷한 사람은 생각보다 많지 않다. '일을 왜 하는가?'라는 질문에

'먹고살아야 하니까', '돈은 벌어야 하니까'라는 답변이 일반적이다. 단순히 생계 수단으로서 일을 노동의 개념으로만 보는 경우가 많다. 일이 노동이 되는 순간 일은 적게 할수록 좋은 것이 되고 만다. 따라서 일터는 노동의 장이기에 괴로운 곳이고, 어서 벗어나 삶을 즐겨야 한다. 일에서 어떤 가치를 찾지 못했을 때 나타나는 일반적 현상이다. 이런 사람이 과연 성과를 낼 수 있을까? 그 사람의 삶 자체만 놓고 보더라도, 일상의 3분의 1을 보내야 하는 직장에서 괴롭기만 하다면 너무 불행하지 않은가.

요즘 유행하는 '욜로(YOLO, You Only Live Once)'의 의미가 엉뚱한 방향으로 퇴색되고 있는 것 같다. '오직 한 번뿐인 삶, 그러니 현재를 더욱 충실히 살자!'라는 본래의 의미가 아니라 '미래고 뭐고 필요 없어. 현재만 잘 즐기면 돼!'라며 목표나 비전을 세우지 않고 노력하지 않는다. 오로지 눈앞의 이익만을 생각하고, 이리저리 재고 따지고, 조금만 자기 입맛에 맞지 않으면 쉽게 이직을 결정하는 사람이 너무나 많다. 그렇다 보니 회사의 비전에 자신의 목표를 일치시키는 인재는 매우 귀하다.

모두들 열심히 하겠다고, 최선을 다하겠다고 처음에는 말들 하지만 초기의 들뜬 열정이란 것이 불과 수개월 사이에 사라져버리는 것을 종종 목격한다. 대충 일하면서 시간 때우고 월급만 받아가면 된다는 식으로 살면 과연 하루하루가 행복할까? 발전이 있을까? 언제까지 그렇게 살 수 있을까? 그런 직업관과 자세, 태도를 가진 사람은 어떤 회사에서도 인정해주지 않는다. 그는 바로 자신의 삶을 해치고 있는 것이다.

경영의 신이라 불리는 이나모리 가즈오 회장은 《왜 일하는가》라는 책에서 이렇게 말한다. "나는 내면을 키우기 위해 일한다고 생각한다. 내면을 키우는 것은 오랜 시간 엄격한 수행에 전념해도 이루기 힘들지만 일에는 그것을 가능하게 하는 엄청난 힘이 숨어 있다. 매일 일하는 것은 내면을 단련하고 인격을 수양하는 놀라운 작용을 한다."

당신은 왜 일을 하는가? 사회생활을 이제 막 시작하려는 당신에게 진심을 다해 이야기하고 싶다. 진정 일을 통해 배우고 성장하고, 나아가 삶에서 성공하고 싶다면 이 질문에 대한 당신의 답을 찾기 위해 고심하기 바란다. 누구도 당신의 삶을 대신 살아줄 수도, 정답을 알려줄 수도 없다. 자신의 삶과 하고자 하는 일의 가치에서 아무 연관성도 찾지 못한 사람이라면 우선 그것부터 찾아야 한다.

당장의 취업이 당신 인생의 목표가 되어서는 안 된다. 아무런 지향점도 없이 무조건 취업부터 하고 보자는 마음으로는 합격하기도 어렵고, 어찌어찌 운 좋게 합격한다 한들 직장 생활은 힘겹기만 할 것이다. 몇 개월 마다 옮겨 다닌 메뚜기 이력은 어디서도 환영받지 못한다. 직장을 옮길 때는 합당하고 분명한 이유가 있어야 하고 일관된 흐름의 커리어 연관성이 있어야 한다.

관심 있는 업종의 기업을 잘 살펴보고, 당신이 진심으로 몸담고 싶은 회사에만 지원하기 바란다. 마구잡이식으로 원서를 넣어보는 '묻지 마 지원'은 중단했으면 한다. 면접은 자신이 그동안 어떻게 살아왔는지를 자신이 이룬 성과와 가치관을 통해 드러내는 시간이다. 진지하게 임해야 한다. 진정 가고 싶은 회사에 당신의 소중한 에너지를 아끼고 집중하라.

당신은 COP를 갖춘 인재인가? COP를 바탕으로 회사의 목표 달성에 기여할 마음가짐이 되어 있는가? 그 마음가짐이 당신의 직장 생활을 승승장구하게 만들고, 결국 당신의 삶을 만족스럽게 이끌 것이다. **회사를 위해서가 아니라 자신을 위해 일하라. 당신의 발전과 행복을 위해!**

아래의 질문은 그 마음가짐을 더욱 단단히 가다듬어줄 것이다. 간단하게라도 답을 한 후에, 다음 장을 넘기도록 하자.

왜 일을 하려고 하는가?

어떤 삶을 살고 싶은가?

삶의 가치와 목표, 비전은 무엇인가?

D-DAY 7

7일 안에 끝내는
면접 준비

DAY 1
너 자신을 알라

"이 세상에 열정 없이 이뤄진 위대한 것은 없다."

– 게오르크 헤겔 –

경험으로 '나'를 증명하라

본격적인 면접 준비에 돌입한 당신, 면접이 코앞이라 초조한가? 걱정되는
가? '걱정을 해서 걱정이 없어지면 걱정이 없겠다'라는 티베트 속담이 있다.
그 말처럼 생각이 걱정을 만든다. 'JUST DO IT!' 그냥 하면 된다. 딴생각하
지 말고 7일 동안만 집중해서 열심히 따라오기 바란다. 갈 길이 바쁘다. 바로
본론으로 들어가자.

앞서 면접에서 당신이 할 일은 오로지 무엇밖에 없다고 했던가? 바로 COP를 갖춘 인재로서 회사의 목표 달성에 기여할 인재라는 것을 증명하기만 하면 된다고 했다. 좋다. 그런데 어떻게 증명할 것인가? 회사는 어떤 방법으로 검증할 수 있을까? 정답은 '경험' 안에 있다. 한 인간이 살면서 겪어온 크고 작은 경험들을 살펴보면 그 사람의 면면을 알 수 있다. 다음은 최근 대기업의 자소서 항목들이다.

- 도전적인 목표를 정하고 열정적으로 일을 추진했던 경험을 서술하시오.
- 직무를 잘 수행할 수 있다고 생각하는 이유를 관련 경험을 근거로 서술하시오.
- 새로운 것을 접목하거나 남다른 아이디어를 통해 문제를 개선했던 경험에 대해 서술하시오.
- 팀워크를 발휘하여 공동의 목표 달성에 기여한 경험에 대해 서술하시오.

보다시피 죄다 경험을 이야기하라고 한다. 다음은 가장 많이 출제되는 면접 질문 리스트다.

- 학창 시절 가장 몰입했던 경험은 무엇이었나요?

- 가장 성취감을 느꼈던 경험에 대해 말해보세요.

- 살면서 가장 기뻤던 일과 슬펐던 일에 대해 말해보세요.

- 리더십을 발휘해본 경험에 대해 말해보세요.

- 창의적으로 문제를 해결한 경험에 대해 말해보세요.

- 실패해본 경험에 대해 말해보세요.

- 직무와 관련된 경험을 해본 적이 있나요?

- 도전적인 목표를 세우고 달성한 경험이 있나요? → 어떤 이유로 그런 목표
  를 세웠나요? → 다소 낮은 목표는 아닌가요? → 과정에 어떤 어려움이 있었
  죠? → 어떻게 극복했나요?

인성 면접, 역량 면접, 꼬리에 꼬리를 물고 질문이 이어지는 심층 면접 등을 가만히 들여다보면 철저히 경험을 묻고 있음을 알 수 있다. 최근 기업에서 직무 역량을 가장 우선시해서 본다고 하는데, 직무 역량 역시 당신이 겪어온 경험이나 사례를 통해 증명하는 것이다. 즉, 기업은 경험을 통해 당신이란 사람이 조직에 적합한 COP를 갖춘 인물인가를 계속 탐색한다.

그럼 위의 질문에 차례대로 답변을 한번 해보자. 답변이 술술 나오는가? 아마 아닐 것이다. 순간적으로 경험이 떠오르지도 않을뿐더러 떠오른다 한들

핵심을 잡지 못하고 중구난방으로 말할 것이다. 당신이란 사람에 대해 묻는 게 크게 어려운 질문이 아님에도 불구하고 즉석에서 40~50초 이내로 자신의 경험을 깔끔하게 정리해서 말하기란 절대 쉽지 않다. **따라서 면접에 앞서 당신의 인생에서 의미 있는 경험을 반드시 정리해둬야 한다.**

학생이라면 취업의 마지막 관문인 면접을 거쳐 사회인이 된다는 것은 새로운 삶의 국면으로 접어든다는 것을 의미한다. 이직 역시 삶의 큰 변화임은 마찬가지다. 그런 의미에서 면접은 삶의 새로운 기회의 장이다. 멋진 기회가 왔다. 지금까지의 삶을 속속들이 진지하게 되돌아보면서 자신을 탐색해보자.

먼저 가볍게 마인드맵을 작성해보자. 지금의 당신이 있기까지 그동안의 경험에 대해 자유롭게 떠오르는 대로 적어본다. 학창 시절, 전공 공부, 동아리 활동, 아르바이트, 취미, 좋아하는 것, 특기, 장점, 단점, 친구, 인생관, 좌우명, 롤 모델, 여행, 감명 깊게 읽은 책, 꿈, 비전 등을 흰 종이 위에 연상되는 대로 적어보는 것이다. 타임머신을 타고 과거 속으로, 또 자신의 내면 깊은 곳으로 여행을 가보자. 기억 저편에 숨어 있던 경험들이 손끝을 따라 새록새록 떠오를 것이다.

시간적 여유가 있다면 방 한쪽 벽면에 커다란 전지를 붙이고 마인드맵을 천천히 작성해보자. 작은 종이 안에는 다 담을 수 없었던 당신의 이야기가 꼬리에 꼬리를 물면서 쏟아질 것이다.

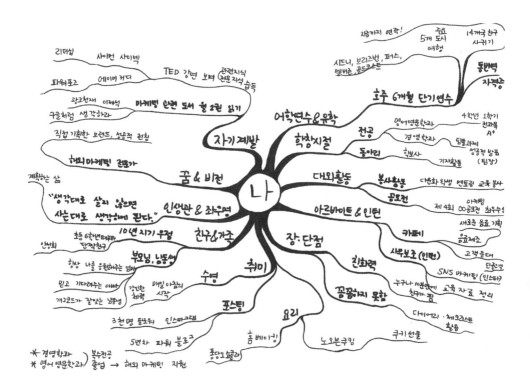

나의 마인드맵 작성하기

나의 마인드맵 작성하기

COP를 보여줄 수 있는 경험을 찾아라

마인드맵을 통해 자신이 그동안 무엇을 하며 어떤 생각으로 살아왔는지 다양한 인생 경험을 꺼내보는 시간을 가졌는가? '아, 내가 이런 것들도 하면서 살아왔구나! 나름 꽤 열심히 살았네!' 이런 생각이 들면서 잊고 있던 자신을 발견하는 시간이 되었길 바란다. 그러면 이제는 이 수많은 경험들 중에서 당신의 COP를 강력하게 보여줄 의미 있고 매력적인 경험을 선정해보자.

다음은 회사 및 직무에서 요구하는 주된 역량 15가지를 COP에 따라 구분한 표다. 핵심 개념을 참고해 그 의미를 확실히 익힌 후, 그와 관련된 경험을 간단히 적어보자(해당 역량을 보여줄 수 있는 자신의 경험을 발굴하는 것이 목적으로, 내용은 중복되어도 좋다). 생각이 잘 떠오르지 않으면 마인드맵을 다시 한 번 보면서 혹시 놓치고 있는 경험은 없는지 샅샅이 살펴보자.

[예시] 역량＋경험표

구분	역량	핵심 개념	관련 경험(예시)
역량 (Competency)	성공/성취	성과 목표를 명확히 세우고, 목표를 계속 관리해 달성해내는 능력	새해 다이어트 목표를 정하고 달리기 시작. 하프 마라톤, 10킬로그램 체중 감량 성공!

역량 (Competency)	**문제 해결 능력**	문제의 본질과 원인을 파악하고 해결하는 능력	연극 동아리 공연 관람자 수가 줄어드는 원인을 파악하고 문제 해결
	창의력	새롭고 혁신적인 아이디어를 제시해 성과에 기여하는 능력	동아리 새내기 모집 방안 아이디어를 내서 신청자 3배 증가
	유연/변화	다양성과 변화에 대한 수용과 대응 능력	캐나다 어학연수 당시 새로운 환경에 빠르게 적응, 다양한 문화 수용
	글로벌 역량	국제적 감각 및 외국인과 의사소통하는 능력	캐나다 어학연수 당시 다국적 친구들 사귐, 영어회화 능력 계발(중상)
조직 친화성 (Organization friendly)	**소통/협력**	원활한 의사소통 능력 및 공동의 목표를 위해 협력하는 태도	연극 공연 준비 당시 팀원 간 갈등을 조정하고 협력을 통해 성공적으로 공연 마무리
	대인 관계 능력	평소 원만한 인간관계를 형성하고 필요시 상대방의 협조를 이끌어내는 능력	매장 관리 아르바이트를 했을 때 친절한 서비스와 응대로 단골 고객을 만들었던 일
	신의/성실	약속 준수 및 근면 성실하게 일을 수행하는 태도	언제나 약속 시간 30분 전에 약속 장소에 도착하는 습관
	주인 정신	조직을 위한 충성심, 조직에 공헌하려는 태도	매장 관리 아르바이트 때 제일 일찍 출근해서 청소와 정리를 도맡아 함, 사장님의 칭찬

조직 친화성 (Organization friendly)	윤리/원칙	한결같은 정직과 규정을 준수하는 태도	매장 관리 아르바이트 당시 손님의 지갑을 찾아줌
열정 (Passion)	도전/열정	더 높은 성과 목표를 향한 신념과 열정적인 몰입	마라톤 5킬로미터, 10킬로미터, 하프마라톤을 차례로 도전
	주도/적극	능동적으로 주어진 일 이상을 달성	인턴 경험 당시 주어진 일 외에도 필요한 업무를 능동적으로 찾아서 함
	리더십	공동의 목표 달성을 위해 구성원들을 동기부여하면서 이끌어가는 능력	팀 프로젝트 당시 팀장으로서 팀원들과 목표를 공유하고 팀을 성공적으로 이끌었던 경험
	책임/인내	어떤 어려움 속에서도 임무를 완수하고자 하는 강한 인내심	캄보디아 봉사 활동 당시 무수한 어려움 속에서도 포기하지 않고 무사히 봉사를 마친 경험
	자기계발	스스로 꾸준히 학습하고 개발해 보다 나은 발전을 이루려는 태도	매일 30분 이상 꾸준히 영어 공부하고 있음
추가역량	체력	힘든 일도 척척 해낼 수 있는 건강한 체력	식단 조절, 주 3회 운동으로 건강 유지
	꼼꼼함	오류 없이 꼼꼼하게 일을 처리하는 능력	팀 과제 당시 파워포인트 제작을 도맡아 함. 세 번 이상 체크해서 완벽을 기하는 성격

[연습] 역량 + 경험표

구분	역량	핵심 개념	관련 경험
역량	성공/성취	성과 목표를 명확히 세우고, 목표를 계속 관리해 달성해내는 능력	
	문제 해결 능력	문제의 본질과 원인을 파악하고 해결하는 능력	
	창의력	새롭고 혁신적인 아이디어를 제시해 성과에 기여하는 능력	
	유연/변화	다양성과 변화에 대한 수용과 대응 능력	
	글로벌 역량	국제적 감각 및 외국인과 의사소통하는 능력	
조직 친화성	소통/협력	원활한 의사소통 능력 및 공동의 목표를 위해 협력하는 태도	
	대인 관계 능력	평소 원만한 인간관계를 형성하고 필요시 상대방의 협조를 이끌어내는 능력	
	신의/성실	약속 준수 및 근면 성실하게 일을 수행하는 태도	

조직 친화성	주인 정신	조직을 위한 충성심, 조직에 공헌하려는 태도	
	윤리/원칙	한결같은 정직과 규정을 준수하는 태도	
열정	도전/열정	더 높은 성과 목표를 향한 신념과 열정적인 몰입	
	주도/적극	능동적으로 주어진 일 이상을 달성	
	리더십	공동의 목표 달성을 위해 구성원들을 동기부여하면서 이끌어가는 능력	
	책임/인내	어떤 어려움 속에서도 임무를 완수하고자 하는 강한 인내심	
	자기계발	스스로 꾸준히 학습하고 개발해 보다 나은 발전을 이루려는 태도	
추가역량			

특별한 역량(경험)에는 별(★) 표시를 한다.

관련 경험을 쓰다 보면 다소 부족한 역량도 분명 있다. 그렇다 할지라도 위에서 제시한 역량들은 면접 질문으로 자주 등장하기 때문에 작은 경험이라도 찾아 빠짐없이 정리해보도록 하자. **'이 경험은 정말 특별하니까 꼭 강조해야지!'라고 생각되는 역량도 발견할 텐데 그런 역량 앞에는 '별 표시'를 해두자.**

수많은 역량을 15가지로 간추려 정리하다 보니 당신의 강점임에도 빠진 역량이 있을 수 있다. 그런 강점과 관련 경험은 하단의 추가 역량 칸에 별도로 꼭 써두도록 하자. 예를 들어 우리가 흔히 중요하게 생각하는 강점으로 '리더십'을 생각하기 쉽지만, 조직에서는 리더를 탄탄하게 지원하는 '팔로워십'도 중요하다. 자신이 다소 소심하고 내향적인 성격이지만 누군가를 조력하는 일에 자신 있다면 팔로워십을 강조하는 것도 좋은 전략이다.

이 표를 작성하다 보면 하나의 경험 속에서도 여러 가지 역량을 엿볼 수 있음을 알게 된다. 역량이라는 것이 두부 자르듯 명확히 구분될 수 있는 것이 아니기 때문이다. 예를 들어 팀 프로젝트를 하면서 예기치 못한 어려운 문제에 봉착했는데, 당신이 앞장서서 문제를 분석하고 팀원들을 모아 창의적인 방법으로 문제를 빠르게 해결했다고 하자. 이것은 문제 해결 능력, 창의력, 리더십이라는 역량을 한꺼번에 증명해주는 경험이다. 만일 면접관이 문제 해결 능력이나 창의력, 리더십을 발휘한 경험에 대해 이야기해보라고 하면 팀 프로젝트 경험을 이야기하면 된다.

그런데 면접관이 리더십 경험을 질문해서 팀 프로젝트 사례를 언급했는데, 갑자기 창의력 경험을 묻는다면? 그러면 이번엔 또 다른 경험을 재빨리 이야기하면서 창의력의 근거를 제시해야 한다. 당신의 이야기 상자 안에 다양한 경험을 차곡차곡 정리해 넣어둬야 한다. 하나의 역량에 근거로 제시할 수 있는 경험을 여러 개 갖고 있으면 소재가 떨어져 당황하는 일이 없다.

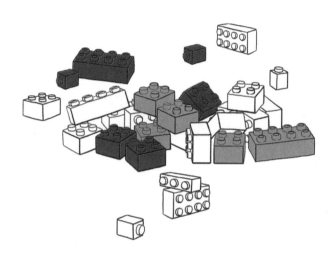

면접은 블록으로 나를 만드는 것과 비슷하다. 나를 구성하는 수많은 블록에는 그간의 경험이 하나씩 담겨 있다. 나중에 연습하겠지만, 질문 안에 숨은 면접관의 의도를 파악한 후 면접관이 알고 싶어 하는 역량의 블록을 상자 안에서 재빨리 꺼내 조합하는 게 면접 요령이다. 회사가 중시하는 15가지 COP

역량이 무엇인지 잘 파악하고, 블록 하나하나마다 경험을 새겨 상자에 넣어 두는 것이 지금 당신이 해야 할 일이다.

면접관이 알고 싶어 하는 역량의 블록을
상자 안에서 재빨리 꺼내 조합하는 것이 면접의 요령이다.

SAP 기법으로 완성하는 나의 이야기

역량별로 다양한 경험을 떠올렸다면 이번엔 이를 구조화해서 나만의 생생한 스토리로 구체화해보자. 경험이나 스토리를 효과적으로 구조화하는 방법으로 SAP 기법이 있다. SAP는 상황(Situation), 행동(Action), 성과(Performance)의 첫 글자를 축약한 것이다. 어떤 경험이든 SAP 구조에 넣어 말하면 상당히 논리적으로 명료하게 내용을 전달할 수 있으며 면접관이 정말 궁금해하는 내용(성과)으로 자연스럽게 연결된다.

SAP 기법		내용
S	상황 (Situation)	'상황'을 설명한다. 어떤 상황이었는지, 어떤 문제가 있었는지 간단명료하게 설명한다.
A	행동 (Action)	그때 내가 취한 '행동'을 말한다. 그 현장이 눈에 보이듯 구체적으로 시각화해서 말하는 것이 중요하다.
P	성과 (Performance)	이를 통해 얻게 된 '성과'를 밝힌다. 가시적인 외적 성과뿐 아니라 내적 성과(배운 점, 깨달은 점)도 언급한다.

앞서 역량+경험표에서 '리더십 역량'을 예로 들어보자. SAP 기반으로 리더십 발휘 경험을 정리한 후, 완결된 스토리로 만들면 다음과 같다.

역량 : 주도/적극, 리더십

경험 : 팀 프로젝트 리더로서 팀원들과 목표를 공유하고 팀을 성공적으로 이끌었던 경험

SAP 기법		내용
S	상황	3학년 때 4인 1팀이 되어 B 프로젝트를 완수해야 했음. 팀원 중 한 명은 중국 학생으로 한국어 소통이 어려웠고, 두 명은 입학한 지 얼마 안 된 1학년으로 과제 수행이 원활하지 못한 상황.
A	행동	팀장을 맡아 프로젝트의 방향과 목표를 잡고, 팀원 각자에게 수행해야 할 과제와 역할을 구체적으로 분배. 중국 학생에게는 영어로 설명해주고, 1학년들에게는 칭찬과 격려를 해주며 팀을 성공적으로 이끌기 위해 최선을 다함. 최종 발표 때는 자신감 있게 발표를 마침.
P	성과	교수님과 학생들이 모두 흥미롭게 발표를 들어주었고, 팀원 모두 A+를 받음. 팀원들을 격려하고 배려하면서 목표를 향해 이끄는 리더의 역량이 무엇인지 알 수 있었음. 과제를 해결하면서 프로젝트를 달성하는 과정의 즐거움도 알게 됨.

이렇게 채워 넣은 SAP 경험표를 보면서 살을 붙여가며 자연스럽게 말을 이어가보자.

🎧 "3학년 때 4인 1팀이 되어서 B 프로젝트를 완수해야 했습니다. 팀원 중 한 명은 중국 학생이라서 한국어 소통이 어려웠고, 두 명은 1학년이라서 과제 수행이 원활하지 못한 상황이었는

데요, 이때 제가 적극적으로 팀장을 맡아서 프로젝트의 방향과 목표를 잡고, 팀원 각자에게 수행해야 할 과제와 역할을 구체적으로 분배했습니다. 중국 학생에게는 영어로 설명해주었고요, 1학년들에게는 칭찬과 격려를 해주면서 팀을 성공적으로 이끌기 위해 최선을 다했습니다. 최종 발표 때는 교수님과 학생들이 모두 흥미롭게 발표를 들어주었고, 팀원 모두 A+를 받았습니다. 작은 경험이지만 서로 격려하고 배려하면서 목표를 향해 팀원들을 이끄는 리더의 역량이 무엇인지 알 수 있었습니다. 또 과제를 하나씩 해결해나가면서 프로젝트를 달성하는 과정의 즐거움도 알게 되었습니다."

SAP 경험 마지막에, 이런 역량을 어떻게 발휘해 회사에 기여(Contribution)할 것인지 언급하면 그야말로 회사가 원하는 완벽한 답변이 된다. 위 답변에서 마지막에 이렇게 덧붙이는 것이다.

"이런 경험을 바탕으로 어떤 업무든 주도적이고 적극적인 자세로 임하겠습니다."

따라서 답변의 패턴은 기본적으로 다음과 같아야 한다.

이것이 진정 회사가 듣고 싶어 하는 답변의 패턴이다. 가령 인생의 가치관을 묻더라도 그런 가치관이 형성된 경험과 여기서 얻은 깨달음, 그리고 이를 바탕으로 어떻게 회사에 기여할지를 말하는 것이다. 면접에서 나오는 대부분의 질문은 위 답변 패턴에 따라 대답하면 성공률 100퍼센트다. 그러나 모든 답변 마지막에 "…을 바탕으로 …하겠습니다!"라는 말을 덧붙인다면 엄청 어색해질 것은 불 보듯 뻔하다. 답변을 하다 보면 '정말 이 경험과 깨달음만큼은 회사에 기여할 요소가 분명해!'라는 느낌이 드는데, 그럴 경우에 적절히 섞으라는 얘기다.

많은 구직자들이 이조차도 모르고 그저 면접관의 질문에 단답형으로, 또는 기억을 더듬으며 추상적으로 답변한다는 사실이 무척 안타깝다. 면접은 철저히 준비한 자만이 통과할 수 있는 관문이다. 자신의 임기응변 능력을 너무 믿지 말고, 성실한 자세로 차근차근 준비해보자.

자, 이제 몇 가지 주된 질문으로 연습을 더 해보자.

[예시 1] 갈등 극복 경험에 대해 얘기해보세요.

역량 : 관계/유지

경험 : 인턴 시절 동기들의 오해와 갈등을 지혜롭게 해결했던 경험

"인턴 시절, 팀장님이 대학 동문이셨습니다. 그래서 저를 다른 인턴들보다 더 챙겨주시고 중요한 일들을 제게 맡겨주셨는데요, 그러다 보니 동기들과 보이지 않는 벽이 생기고 오해가 쌓이는 듯 했습니다. S(상황)

저는 동기들과 좋은 관계를 유지하고 싶었기 때문에 그들의 입장과 오해를 헤아리고 먼저 다가가려고 노력했습니다. 제 일이 끝나면 도와줄 것이 없는지 묻기도 했고, 퇴근 후에는 간단히 술 한잔 할 수 있는 자리를 만들어서 마음 터놓고 얘기도 나누면서 가까워지려고 노력했습니다. A(행동)

그 결과 동기들과의 오해도 곧 풀어지고 돈독한 사이가 되었습니다. 이 경험을 통해 어떤 오해든 내가 먼저 마음을 열고 다가가면 풀릴 수 있다는 것을 깨달았습니다. P(성과)

회사 생활을 하다 보면 여러 가지 예기치 못한 갈등도 생길 수 있을 것입니다. 그럴 때마다 상대방의 입장에 서서 생각하고, 지혜롭게 행동하겠습니다." C(기여)

[연습 1] 갈등 극복 경험에 대해 얘기해보세요.

역량 :

경험 :

S (상황)	
A (행동)	
P (성과)	
C (기여)	

[예시 2] 봉사 활동 경험에 대해 얘기해보세요.

역량 : 인간미, 조직 공헌심, 봉사심

경험 : 중학생을 위한 멘토링 봉사 활동 경험

"저는 지난 2년 동안 한 달에 한 번씩 정기적으로 중학생을 위한 멘토링을 해오고 있습니다. 시작하기 전에는 어린 친구들에게 무슨 이야기를 해줄 수 있을지, 과연 잘할 수 있을지 많은 고민이 됐습니다. S(상황)

하지만 진로와 학업에 대한 고민들, 그리고 대학 생활에 대한 궁금증 등을 제 경험에 비춰 솔직하게 대답해주면서 아이들과 교감할 수 있었고요. A(행동)

그런 시간을 함께한 후 아이들의 감사해하는 눈빛과 진심 어린 마음도 느낄 수 있었습니다. 지금은 처음에 만났던 아이들이 고등학생이 되어 또 다른 고민을 나누기도 합니다. P(성과)

이런 봉사 활동을 통해 배운 것처럼 회사 내에서도 문제 발생 시 동료들과 함께 고민하고, 아이디어를 나누며 교감할 수 있도록 노력하겠습니다." C(기여)

[연습 2] 봉사 활동 경험에 대해 얘기해보세요.

역량 :

경험 :

S (상황)	
A (행동)	
P (성과)	
C (기여)	

[예시 3] 도전 경험에 대해 얘기해보세요.

역량 : 도전/열정, 문제 해결 능력

경험 : 호주 워킹홀리데이 당시, 주머니 속 5달러의 가치

"대학교 3학년 때 1년 동안 호주로 워킹 홀리데이를 다녀왔습니다. 그런데 2개월 만에 주머니에는 5달러밖에 남지 않았고, 주변에 도움을 요청할 곳이 하나도 없었습니다. S(상황)

이를 극복하기 위해 먼저, 저는 매일 밤 10시에 호스텔 마감 청소를 자진해서 도와주었습니다. 그리고 외국인 친구들과 매일 2시간 이상 대화하면서 영어 회화 실력을 열심히 다져나갔습니다. A(행동)

그 결과 호스텔 주인은 청소의 대가로 방값을 면제해주었고요, 또 영어가 늘었다며 자신의 편의점에 파트타임 직원으로 고용해주었습니다. 방값 면제에 하루 40달러를 벌 수 있어서 곧 생활에 안정을 되찾을 수 있었고, 이때의 경험을 통해 새로운 일자리를 찾아서 귀국할 때는 7,000달러를 가지고 돌아왔습니다. P(성과)

5달러에서 배운 가치를 바탕으로 어떤 어려움 속에서도 도전하고 성과를 내는 인재로 계속 성장하겠습니다." C(기여)

[연습 3] 도전 경험에 대해 얘기해보세요.

역량 :

경험 :

S (상황)	
A (행동)	
P (성과)	
C (기여)	

앞서 역량+경험표에 제시된 15가지 역량을 증명할 수 있는 경험을 이처럼 SAPC로 정리해두면 경험 관련 질문은 무엇이든 자신 있게 답할 수 있다. 하나의 경험 안에는 여러 역량이 들어 있으므로 주된 경험은 10개 이내로 정리가 될 것이다. 특히 이력서/자소서에 기입한 경험은 언제든 추가 질문이 들어올 수 있으니 반드시 정리해둬야 할 1순위 경험이다.

이번 기회에 인생의 주된 경험과 이를 통해 배우고 깨달은 바를 정리해보자. '나도 꽤 괜찮은 사람이구나. 나름 열심히 잘 살아왔네. 이런 나를 뽑아주지 않으면 회사가 손해 아니야?'라는 생각이 든다면 성공이다! 그런 자존감과 자신감이 있다면 면접 합격뿐 아니라 앞으로의 인생도 충분히 잘 살아갈 수 있다. **면접은 세상으로 나아가는 아주 작은 관문에 불과하다. 멋진 세상이 당신을 기다리고 있으니 두려워 말고 나아가보자.**

합격을 위한 DAY 1 미션

과제를 하나씩 완성할 때마다 합격 도장을 찍으세요.

작성 및 숙지	자연스럽게 말하기 연습 (최소 3회 이상)			합격
나의 마인드 맵				합격
역량+경험표				
갈등경험 SAPC	1	2	3	
봉사경험 SAPC	1	2	3	
도전경험 SAPC	1	2	3	
오늘의 성찰				

ACTIVITY 1

—

면접관의 귀를 사로잡는
호감 목소리 만들기

목소리를 들으면 사람이 보인다

회사를 설립한 초창기, 나 역시 초보 대표였을 때 교육 사업을 오래 하신 한 대표님께 이런 질문을 한 적이 있다. "대표님은 직원을 채용하실 때 무엇을 가장 중점적으로 보시나요? 어떤 사람을 뽑는 게 정답일까요?" 그분의 답변은 이랬다. "저는 일단 목소리를 유심히 듣습니다. 목소리를 들으면 그 사람이 어떤 사람인지 보입니다. 특히 목소리가 안정적인 사람이 책임감 있게 일을 잘하죠."

처음 이 이야기를 들었을 때 무척 신선하게 다가왔다. 그리고 그 후 나역시 면접에서 지원자들의 목소리를 더 유심히 듣게 되었다. 단순히 듣는 것이 아니라 소리를 '깊게 느끼려고' 노력한다. 15년째 목소리 컨설팅을 하다 보니 당연히 사람의 목소리(성량, 음색, 발음, 어투, 억양, 빠르기 등)가 예민하게 잘 들린다. 그리고 목소리에서 느껴지는 개인의 특성들이 실제로 함께 지내보면 그대로 드러나는 것을 자주 본다. 나처럼 전문 보이스 컨설턴트가 아니더라도, 누군가를 처음 만나 목소리를 들으면 딱 떠오르는 느낌이 있을 것이다. 그게 바로 그 사람의 이미지이자 그를 설명하는 매우 중요한 단서다.

간단한 예로 목소리가 크고 우렁찬 사람을 만나면 우리는 즉시 판단한다. '아, 이 사람은 외향적이구나, 활달하구나, 적극적인 성격이구나! 자기주장이 강할 것 같아.' 발음이 불분명하고 말끝을 흐리는 사람을 만나면 '소심한 사람인가 보군. 자신감이 없어 보여. 별로 똑똑하지 않은가봐'라고 생각한다. 물론 듣는 즉시 내리는 이런 판단은 편견일 수 있고 틀릴 가능성도 물론 있다. 그런데 대체적으로 목소리에는 그 사람의 성격이나 성향, 특징들이 꽤 많이 드러난다는 게 내 생각이다. 면접관들이 당신의 목소리를 처음 듣는 순간 당신을 어떤 이미지로, 어떤 사람으로 인식할까? 한번 생각해보자.

면접 복장보다 중요한 것이 바로 목소리다. 외적 이미지와 목소리 이미지가 상충할 때 사람들은 목소리 이미지를 신뢰한다. 예를 들어 키가 작고 귀여운 외모의 여성 지원자가 있는데, 외모만 봤을 때는 크게 신뢰감이 느껴지지 않는다. 그런데 목소리를 들으니 톤이 안정적이고 발음과 억양이 분명해서 카리스마까지 느껴진다. 이럴 경우 우리는 목소리 이미지를 우선적으로 신뢰한다.

누가 들어도 호감을 주는 진정성이 느껴지는 음성이 면접은 물론 대인 관계에서도 가장 좋은 음성이라고 생각한다. 두 달 정도만 집중적으로 전문 강사의 코칭를 받으며 보이스 트레이닝을 하면 누구나 상당히 듣기 좋은 음성으로 변화한다. 마치 근육운동을 하면 몸이 탄탄해지고 몸매 자체가 멋지게 변화하는 것처럼 말이다. 목소리가 전혀 다른 사람처럼 변하는 것이 아니라 본래 자신이 가진 음성이 한층 업그레이드된다고 생각하면 된다. 톤이 가늘고 높았던 목소리가 굵고 안정된 목소리로, 부정확하고 얼버무리던 발음이 또렷하고 정확한 발음으로, 거칠고 허스키한 음성이 풍성한 울림이 있는 매력적인 목소리로 바뀐다.

목소리의 변화가 필요하다면 보이스 트레이닝에 대한 내 책들을 읽고 시간을 충분히 갖고 훈련해보길 권한다. 지금은 당장 코앞에 닥친 면접에서 자신감 있는 목소리를 내는 것이 중요하니, 그에 맞춰 짧지만 효과가 있는 훈련법을 간단히 전하고자 한다.

목소리 변화를 위한 5단계 훈련법

다음은 목소리 변화를 최단 시간 느낄 수 있도록 하는 5단계 훈련법이다. 지금부터 한두 시간 시간을 내서 집중적으로 연습을 해보자. 장담하건대 목소리가 조금씩 변화되는 걸 느낄 수 있을 것이다. 다음 5단계만 훈련해도 목소리의 안정된 톤, 풍성한 성량, 또렷한 발음, 적정한 말의 속도, 분명한 억양 등 모든 것이 종합적으로 개선된다.

① **복식호흡**

② **아치 개방 기초 발성**

③ **마스크 공명 발성**

④ **표준발음법**

⑤ **강조법**

목소리 훈련인 만큼 위 내용을 코치의 시범을 보면서 따라 하는 것이 가장 이해하기 쉽다. 관련 내용을 동영상으로 제작했으니 각 단계별 QR코드를 스캔해 강의 영상을 보면서 훈련해보도록 하자.

1단계 : 목소리의 질을 결정하는 복식호흡

좋은 목소리를 만들기 위해 가장 중요한 것이 무엇이냐고 묻는다면 단연 복식호흡이다. 호흡이 충분히 깊지 않으면 힘 있고 울림 있는 발성, 듣기 좋은 음색 자체가 만들어지지 않는다. 복식호흡이란 가슴으로 얕게 쉬는 호흡이 아니라 공기를 폐 깊숙한 곳까지 보내며 깊게 쉬는 심호흡이다. 즉, 숨을 들이마시면 배(폐 아랫부분까지)에 공기가 채워져 배가 부풀어 오르고, 내쉬면 공기가 빠지면서 배는 다시 쑤욱 들어간다.

먼저 배꼽에서 약 5센티미터 떨어진 단전 부근에 양 손끝을 대고 아랫배를 가볍게 감싼 상태에서 배의 움직임을 느끼면서 복식호흡을 해보자.

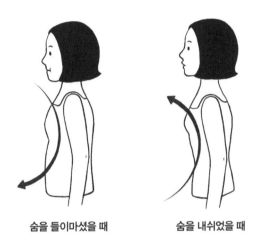

숨을 들이마셨을 때   숨을 내쉬었을 때

① 호흡이 자연스럽게 들어오고 나가는 미세한 감각을 느껴본다.

② '후~~~' 하면서 숨을 완전히 내쉰 다음 배가 홀쭉해진 상태에서 4초 간 코로 숨을 서서히 들이마시고, 8초간 코와 입을 열어 서서히 내쉬어 보자.

③ 4초간 들이마시고, 4초간 호흡을 멈추고, 4초간 내쉬어보자. 특히 숨을 멈췄을 때 아랫배의 긴장감을 집중해서 느껴보자.

④ 2초 들이마시고, 4초 내쉬어보자.

⑤ 빠르게 들이마시고 내쉬기를 반복한다.

깊게 숨을 들이마시고 내쉬는 심호흡은 면접 전 긴장했을 때 반복해주면 긴장감이 크게 완화된다. 청심환 따위는 사 먹을 필요가 없다. 복식호흡만 제대로 잘 해도 면접에서 목소리가 마구 떨리거나 톤이 과도하게 높아지거나 말이 엄청 빨리지는 등의 불상사를 방지할 수 있다. 숨을 들이마시고, 아랫배에 힘을 주어 천천히 내쉬면서 말하는 것이 훈련의 핵심이다.

복식호흡을 하면서 힘차게 인사하는 훈련을 해보자.

(숨을 들이마시고, 배를 안쪽으로 당기며)

"안녕하십니까? 지원자 ○○○입니다."

☑ 1단계 체크리스트

☐ 숨을 들이마시면 배가 나오고, 숨을 내쉬면 배가 들어가는가?

☐ 배가 들어가면서 공기가 나오고, 이때 소리가 만들어지는 것이 느껴지는가?

YouTube 저자 강의
건강하고 윤기 있는 목소리의 비밀,
복식호흡법

2단계 : 시원하게 뻗어나가는 소리, 아치 개방 기초 발성

좋은 소리를 방해하는 가장 좋지 않은 습관이 무엇인지 아는가? 바로 입을 크게 벌리지 않고 말하는 것이다. 입을 작게 벌리면 목 안쪽이 닫힌 상태가 된다. 목과 입이 닫히다 보니 소리가 입안에서 울릴 수도 없고 입 밖으로 시원하게 나가지 않아 내 말소리가 상대에게 잘 전달되지 않는다. 이런 상태에서는 안으로 먹어 들어가는 작고 답답한 소리, 웅얼거리는 소리가 날 뿐이다.

소리가 입 밖으로 시원하게 뻗어나가도록 하려면 무엇보다도 입을 크게 벌려야 한다. 이때 단순히 입만 크게 벌리는 것이 아니라 목 안쪽부터 활짝 열어주는 것이 중요하다. 자, 지금 거울을 보면서 입을 아 하고 크게 벌려보자. 입안을 들여다보면 목구멍 중간에 목젖이 보일 텐데, 목젖 주변으로 둥글게 내려오는 부분이 아치처럼 생긴 게 보일 것이다. 이 부분을 '목의 아치'라고 부르겠다. 이 상태에서 하품을 한번 해보자.

'하아~~.' 아치가 넓게 열리면서 목 안쪽이 크고 둥글게 확장되고 연구개, 즉 입천장 뒤쪽의 부드러운 근육이 위로 살짝 올라가는 것이 느껴질 것이다. 이는 소리가 공명할 수 있는 입안 공간이 넓어지는 것을 의미한다. 이렇게 아치가 넓게 확장된 느낌을 기억하고, 말할 때 이를 적용하는 것이 중요하다.

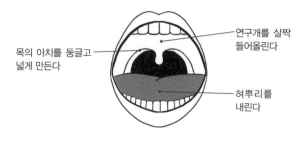

목의 아치 확장하기

복식호흡과 아치 개방을 기억하면서 발성 훈련을 본격적으로 해보자.

① 소리는 내지 말고 '하아～～～' 하면서 하품하듯이 공기가 배에서 쑥 빠져나가는 것을 느껴보자.

하아～～～. 하아～～～.

이번엔 공기에 소리를 실어보자. 아랫배로부터 쑥 올라온 공기가 성대를 통과한 후, 입안에서 둥글게 공명해 앞으로 시원하게 뻗어나가야 한다.

하아～～～～～～～～. (여러 번 반복한다.)

② 아랫배를 강하게 당기며 한 음절씩 힘 있게 발성해보자. 작은 목소리가 고
민이라면 이 훈련으로 크고 자신감 넘치는 음성을 단시간에 만들 수 있다.

하. 하. 하.

헤. 헤. 헤.

히. 히. 히.

호. 호. 호.

후. 후. 후

하. 헤. 히. 호. 후.

히. 헤. 하. 호. 후.

야! 호! 야! 호! 야! 호!

야~호~. 야~~호~~.

야~~~호~~~. 야~~~~호~~~~.

③ 아치를 둥글게 열고 짧은 단어와 문장을 천천히 읽으면서 발성 연습을 해
보자.

왕자   하늘   아버지   할머니   아리랑   호랑이

해바라기 화분   하마의 하품   안개 낀 항구

행복한 어머니   하와이의 야자나무

문장을 읽을 때는 의미 단위별로 호흡을 하면서 끊어 말해야 의미가 상대방에게 잘 전달된다. '하나의 의미 덩어리는 한 호흡으로'의 원칙을 지키며 손으로 둥근 억양을 그리면서 말해보자. 어투 자체가 전문적인 느낌으로 바뀌고 전달력이 월등히 높아진다. 게다가 자연스럽게 어미의 억양이 내려가게 되어 신뢰감이 더해진다. 다음 예문을 가지고 연습해보자.

[예시]

아기와 엄마가 호호하하 웃는다.

아주머니가 하루 종일 하품을 한다.

창문 너머로 함박눈이 펑펑 내린다.

하얀 종이에 커다란 동그라미를 그린다.

안녕하십니까? 똑 소리 나는 지원자 ○○○입니다.

"저는 다수의 공모전에 참여한 경력이 있습니다.

그러나 수상 내역보다 다양한 분야에 도전했다는 것을

먼저 봐주셨으면 합니다."

☑ **2단계 체크리스트**

☐ 본인의 의지대로 목의 아치를 크고 둥글게 만들 수 있는가?

☐ 발성을 할 때 배를 힘 있게 수축시킬수록 큰 소리가 나오는가?

☐ '하~아~~~~' 발성을 음성의 떨림 없이 안정적으로 길게 할 수 있는가?

YouTube 저자 강의
좋은 목소리를 위한
입 모양 만들기

3단계 : 부드럽게 울려 퍼지는 마스크 공명 발성

듣는 순간 매료되는 목소리에는 2가지 공통점이 있다. 목소리 톤이 안정적인 중저음이라는 점과 목소리에 풍성한 울림이 실려 있다는 점이다. 낮고 부드러운 울림이 실린 목소리는 상대방에게 편안함, 호감, 신뢰감을 느끼게끔 한다. 바로 면접에서 당신이 전해야 하는 이미지다. 누구나 훈련을 하면 풍성한 울림이 있는 매력적인 목소리의 소유자가 될 수 있는데 아주 간단하게 훈련할 수 있는 특급 방법을 전한다.

아치를 확장해 입을 크게 벌렸다가 '함~~' 소리를 내면서 입술을 다물어보자. 어금니는 뗀 상태로 입안에는 동그랗게 빈 공간이 생긴다. 복식호흡을 하고, 공기를 입안에 둥글게 머금은 상태로 '하암~~~' 허밍을 하면서 빈 공간을 울려보자.

'하암~~~~~~~~~.'

이때 목 안쪽에서 공기가 울리는 것이 아니라 코와 입 주변, 마스크 주변에서 부드럽게 울리는 것이 중요하다. 가볍게 코와 뺨 주위에 손바닥을 대고서 '하암~~~~' 허밍을 반복해보자. 마스크 주변의 풍성한 울림이 손끝으로 느껴지는가? 복식호흡을 할 때 아랫배가 쑥 들어가면서 '함~~~~' 울림을 통해서 나오는 소리, 이 목소리 톤이 바로 자신이 타고난 발성 구조에서 나올 수 있는 최적의 안정된 목소리 톤이다.

이렇게 풍성하게 울리는 소리를 인중 쪽으로 모아줄 때 훨씬 또렷하고도

맑게 울리는 소리가 만들어진다. '함~~~~' 마스크 공명을 하면서 소리의 떨림이 인중 부근(윗입술, 앞니)에 집중이 되도록 소리를 모아보자.

자, 이제 인중 부근에 집중된 공기가 입 밖으로 시원하게 뻗어나갈 차례다. 부드러우면서도 멀리까지 잘 전달되는 소리를 위해서는 발성을 할 때 포물선을 상상하면 도움이 된다. 인중에서 튀어나온 소리가 둥글고 완만한 포물선을 그리며 멀리 나아가는 것을 상상해보자.

'함~~~~' 허밍을 하다가 입을 벌리면서 '마~~~~' 하고 소리를 내보는 거다. '함~~~~' 할 때 목소리의 안정된 톤과 울림이 '마~~~~' 발성으로 그대로 이어지는 것이 핵심이다. 특히 '마~~~~' 할 때 앞니(인중 부근)에서 공기가 탕! 하고 탄력 있게 튕겨나가는 느낌을 느껴보길 바란다.

함~~~마~~~~
함~~~마~~미~~모~~
함~~~마~~메~~미~~모~~무~~
함~~맘~맘~맘~맘~맘~
함~~맴~맴~맴~맴~맴~
함~~밈~밈~밈~밈~밈~
함~~몸~몸~몸~몸~몸~
함~~뭄~뭄~뭄~뭄~뭄~
안~녕~하~십~니~까~

지~원~자~ ○~○~○~입~니~다~

YouTube 저자 강의
풍성한 목소리의 비밀
마스크 공명 발성법

4단계 : 똑똑한 이미지를 전하고 싶을 땐 표준발음법

면접에서는 당연히 일을 똑 부러지게 잘할 것 같은 똑똑한 이미지를 전하는 것이 중요하다. 무엇보다도 발음이 명료할수록 똑똑하고 지적인 이미지가 만들어진다. 특히 남성 지원자의 경우 발음을 대충 얼버무리는 경우가 많은데, 멋들어지게 정장을 차려입고 나타나서 "안녕하떼요" 하고 혀 짧은 소리를 내면 화려한 스펙이 무색해진다. 다음은 발음을 잘하는 4가지 핵심 비결이다.

① 말을 하기 전에 조음기관을 충분히 풀어주어라.

명확하지 못한 발음의 주된 원인은 조음기관(혀, 입술, 턱, 얼굴 근육 등)을 게으르게 움직이기 때문이다. 다소 귀찮더라도 부지런히 조음기관을 움직여서 발음하는 습관을 들여야 하는데, 우선 말을 하기 전에 조음기관을 부드럽

❶ 손바닥 아랫부분을 이용해 볼 전체를 둥글게 원을 그리듯 마사지한다.

❷ 두 뺨을 풍선처럼 빵빵하게 부풀린 채로 5초간 그대로 멈춘다.

❸ 두 입술의 힘을 빼고 공기를 가볍게 내보내며 '푸르르르' 하고 입술을 뗀다.

❹ '오'와 '아'의 입 모양을 크고 확실하게 하면서 혀로 '똑딱똑딱' 소리를 여러 번 낸다.

❺ 입술을 오므리고 앞으로 쭉 내민 상태에서 시계 방향과 그 반대 방향으로 마구 돌린다.

❻ 혀를 길게 내밀었다 접었다를 반복한 뒤 혀로 입안 구석구석을 마구 핥아준다.

조음기관 풀어주기

게 풀어주는 게 정말 중요하다. 양손을 이용해서 얼굴을 마사지 해주고, 입술을 '푸르르, 푸르르' 하고 풀어주기도 하고, 입안에서 혀를 마구 돌려주거나 '똑딱똑딱' 소리를 내면서 턱과 혀 운동을 동시에 해주면 좋다. 이렇게 적극적인 준비운동을 하기 전과 후의 발성, 발음의 차이는 생각보다 훨씬 크다.

② 모음에 따른 입 모양을 정확히 하라.

국어의 모음은 21개인데 그중 단모음은 '아, 애, 어, 에, 오, 외, 우, 위, 으, 이', 이중모음은 '야, 얘, 여, 예, 와 왜, 요, 워, 웨, 유, 의'다. 단모음은 처음부터 끝까지 입술 모양이 변하지 않는 모음이고, 이중모음은 2가지 모음이 합쳐졌기 때문에 입 모양이 바뀌는 모음이다. 거울로 자신의 입 모양을 확인하면서 21개 모음을 천천히 소리 내보자. 명료한 발음의 기본은 정확한 모음의 입 모양에 있다는 것을 꼭 기억하라.

> "저는 최고의 전문가가 될 것이라고 확신합니다. 입사 후의
> 계획은 다음과 같습니다."

③ 자음이 만들어지는 조음점을 정확히 알고 발음하라.

표준어의 자음은 'ㄱ ㄲ ㄴ ㄷ ㄸ ㄹ ㅁ ㅂ ㅃ ㅅ ㅆ ㅇ ㅈ ㅉ ㅊ ㅋ ㅌ ㅍ ㅎ' 이렇게 19개가 있고, 각각의 자음이 만들어지는 위치가 다르다. 'ㅁ ㅂ ㅃ ㅍ'은 두 입술이 붙었다 떨어지면서 나는 소리고, 'ㄴ ㄷ ㄸ ㄹ ㅅ ㅆ ㅌ'은 혀끝

이 윗니 뒤쪽 혹은 윗잇몸 쪽에 닿으면서 나는 소리다. 그리고 'ㅈ ㅉ ㅊ'은 혀의 앞부분이 경구개에 닿고, 'ㄱ ㄲ ㅋ ㅇ'은 혀의 뒷부분이 연구개에 닿는다. 마지막 'ㅎ'은 목구멍 쪽에서 나는 소리다. 이렇게 자음에 따른 조음점을 정확히 알고 이에 따라 발음을 해야 한다.

④ 특히 받침의 발음에 유의하라.

딱 들었을 때 '어? 발음이 부정확한 것 같아'라는 느낌을 단번에 주는 사람들은 대부분 'ㄴ ㄷ ㄹ ㅁ ㅂ' 받침의 발음을 제대로 하지 않는 경우가 많다. 조음점을 기억하면서 혀끝과 두 입술을 부지런히 움직여야 하는데, 혀는 되도록 아랫니 안쪽에 주로 닿도록 바닥에 깔아서 입안 공간을 넓게 유지해야 입안에서 혀가 잘 움직이면서 명확한 발음이 만들어진다. 다음 문장을 정확하게 읽어보자.

"순구는 건강을 과시하려고 한겨울에 한 반 여자 친구 은경이와 함께 보트 놀이를 했다."

[연습]

간단한 뉴스 기사 하나를 낭독해보자. 앞서 배운 복식호흡과 마스크 공명 발성뿐만 아니라 발음까지도 신경 써서 낭독해보는 훈련이다. 의미 단위별로 끊어 읽으면서 긴 문장의 호흡 조

절도 잘 해보자.

🎧 국내 증시 침체에 따른 거래 위축으로 / 실적 악화 우려가 커지고 있는 증권 업계가 / 우수 인재 확보·육성에 / 공을 들이고 있습니다. / 금융업은 / 인적 자원의 역량이 / 회사 실적을 좌우하는 중요한 요소이기 때문에 / 우수 인재를 통해 / 불황을 헤쳐나가려는 전략입니다.

☑ **4단계 체크리스트**

☐ 21개 모음을 정확한 입 모양으로 발음할 수 있는가?

☐ 자음 'ㄱ ㄲ ㅋ ㄴ ㄷ ㄸ ㅌ ㄹ ㅅ ㅈ ㅉ ㅊ'에 따라 혀의 위치가 변하는가?

☐ 빠르게 문장을 읽을 때도 받침의 발음을 정확하게 할 수 있는가?

YouTube **저자 강의**
말의 전달력을 높이는
발음을 잘하는 비결

5단계 : 귀에 쏙쏙 들어가게 말하는 4가지 강조법

같은 말을 하더라도 통통 튀는 활력과 생동감이 느껴지면서 귀에 쏙쏙 들어오게 말하는 사람들이 있다. 이런 차이를 만들어주는 것이 바로 '강조법'이다. 특히 PT나 토론 면접에서 강조법을 잘 활용하면 다른 지원자들과 말의 느낌 자체가 차별화되어 즉시 면접관의 귀를 사로잡을 수 있다.

① 힘을 주어 강하게, 높임 강조

가장 흔하게, 누구나 쉽게 사용할 수 있는 방법으로, 중요하다고 생각하는 부분에 배에 힘을 주어서 크고 강한 소리로 강조하면 된다. 어느 단어를 강조하느냐에 따라 전달되는 의미가 크게 달라진다.

나는 희망의 증거가 되고 싶습니다.
나는 **희망**의 증거가 되고 싶습니다.
나는 희망의 **증거**가 되고 싶습니다.

강세를 두어야 할 곳이 정해져 있는 것이 아니라 말의 전체 맥락 속에서 강조하고자 하는 부분에 힘을 주면 된다.

사람을 끄는 매력, 그것은 **친절**입니다.

그의 **강인한** 이미지가 나를 매료시켰습니다.

상상할 수 있는 것은 무엇이든 **성취**할 수 있습니다.

목표를 향해 <u>**거침없이**</u> 나아가는 지원자, ○○○입니다.

② 톤을 낮추어 약하게, 낮춤 강조

높임 강조와는 반대로 중요하다고 생각하는 내용을 오히려 톤을 낮춰서 약하게 말함으로써 그 의미가 상대방 마음에 더욱더 가닿게 하는 강조법이다.

해가 뜨기 직전이 가장 <u>**어둡습니다.**</u>

연이은 사업 실패에 저는 <u>**좌절감에 빠졌습니다.**</u>

희망을 버린다는 것은 인생을 <u>**포기하는 것과 같습니다.**</u>

저는 어린 시절부터 귀사에 입사하기를 <u>**간절히 바라왔습니다.**</u>

낮춤 강조는 이렇게 좌절이나 실패, 절망, 작은 것 등 약하고 부정적인 이미지를 가진 단어, 혹은 감정을 실어서 말을 할 때 주로 사용된다.

③ 천천히 또박또박, 속도를 늦춰서 강조

속도를 늦춰 말함으로써 듣는 이로 하여금 중요하다는 인식을 심어주는 방법이다. 보통 어렵고 복잡한 내용이나 숫자, 인명, 지명, 연대 등을 말할 때, 혹은 정말로 강조하고 싶은 부분에서 천천히 발음하면서 강조한다. 반면에

쉬운 내용이나 별로 중요하지 않은 내용, 청중이 다 알고 있는 내용 등을 말할 때는 빠르게 말함으로써 말에 리듬감을 주는 게 좋다. 말의 속도가 일관된 것보다 빠르게, 느리게, 마치 음악을 연주하듯 다채롭게 들릴 때 더 귀 기울이게 된다는 점을 기억하자.

스피치는 생각하는 것이 아니라 **실천하는 것**입니다.

만나는 사람들에게 **영향력을 발휘**하는 것처럼 행동하십시오.

내년 우리나라의 수출 증가율이 **두 자릿수**를 기록할 것으로 내다봤습니다.

제가 가지고 있는 **패기와 열정**을 바탕으로 귀사가 **아시아 톱 기업**으로 성장하는 데 일조하겠습니다.

④ 잠깐 멈춤, 포즈(pause)를 활용한 강조

음성 표현에서 상당히 세련된 기법이라 할 수 있다. 포즈를 잘 활용하면 사람들의 귀와 마음을 동시에 사로잡을 수 있다. 중요한 내용을 말하기에 앞서 잠깐 말을 멈추는 그 찰나의 순간, 상대방은 많은 생각을 하게 된다. '왜 갑자기 말을 멈추는 거지?' '무슨 얘기를 하려는 걸까?' 그러면서 당신의 말에 기대를 갖고 더 집중해서 듣게 된다. 강조하고자 하는 말 앞에 짧은 포즈를 두면 바로 그다음에 오는 단어나 구절이 자연스럽게 강조된다.

하루를 마칠 때마다 V **성공**을 다짐하십시오.

신뢰받는 사람이 되려면 먼저 자신에 대한 V **신뢰**를 가져야 합니다.

자신이 무엇을 생각하는지 알려면 V **자신의 감정을 살펴야 합니다.**

제 장점은 언제 어디서나 빛을 발하는 V **친절한 미소입니다.**

위 강조법 4가지만 잘 활용해도 훨씬 생동감 있는 억양이 만들어지면서, 면접관의 주의력을 높이고 말의 설득력도 높일 수 있다. 면접 답변을 연습할 때는 대충 얼버무리듯 해서는 안 된다. 연습도 실전처럼 보이스 트레이닝 5단계를 적용하면서 정성을 기울여 한 마디, 한 마디를 해보도록 하자.

☑ **5단계 체크리스트**

☐ 4가지 강조법 활용을 충분히 숙지하고 위 예문을 읽었는가?

☐ 말을 할 때도 자연스럽게 강조법을 적용할 수 있는가?

YouTube 저자 강의
생동감 넘치는
목소리의 비밀

DAY 2
직무에 대해 알라

"명확한 목적이 있는 사람은
가장 험난한 길에서조차도 앞으로 나아가고,
아무런 목적이 없는 사람은
가장 순탄한 길에서조차도 앞으로 나아가지 못한다."

– 토머스 칼라일 –

직무의 핵심역량을 이해하라

인성이 좋고 역량이 뛰어난 사람을 뽑았어도 해당 직무에 잘 적응하지 못하고 퇴사하는 사람들이 발생한다. COP에 맞는 인재를 찾는 것도 중요하지만 직무 적합성이 높아야 일에 대한 만족도가 높고 근속 기간이 길다. 그래서 회사는 지원자의 본래 성격이 지원한 직무와 잘 맞는지, 역량을 잘 발휘할 수 있는지, 보람과 의미를 느끼며 오랫동안 일할 수 있을지 눈여겨본다.

따라서 당신이 면접에서 해야 할 일은 해당 직무가 본인에게 잘 맞고, 매우 하고 싶은 일이며, 그 일을 잘 해낼 수 있는 역량을 가지고 있다는 것을 증명해야 한다. 그러기 위해서는 먼저 해당 직무에서 요구하는 역량이 무엇인지 파악하는 것이 필요하다. 앞서 살펴본 역량+경험표에는 15가지 역량이 나열되어 있는데 이는 어떤 일을 하든지 모두 필요한 역량이다. 그러나 직무에 따라 상대적으로 더 중요하고, 덜 중요한 역량이 있을 수 있다.

그러므로 지원한 직무의 핵심역량이 무엇인지를 파악하고 이를 어필하는 것이 중요하다. 예를 들어 고객을 응대하는 서비스 직무에는 어떤 역량이 가장 필요할까? 분석력, 기획력, 전략적 사고 역량보다는 아무래도 사람의 얼굴을 직접 보며 하는 일이기 때문에 커뮤니케이션, 유연성, 관계/유지 역량이 더 필요하다.

다음 표에서 대표적인 8가지 직무별 핵심역량을 정리해놓았으니 자신이 지원한 직무의 핵심역량을 파악해보자. **앞서 역량+경험표에서 별표를 한 내용과 직무에서 필요로 하는 역량 중 겹치는 것이 있다면, 이것은 반드시 어필해야 할 직무 핵심역량이다.**

직무＋핵심역량표

직무	핵심 키워드	핵심역량
마케팅	분석력 기획력 창의력 전략적 사고	마케터의 핵심 키워드는 '분석력'이다. 관찰력과 연구 조사 능력, 데이터·통계 분석 능력 등은 소비자의 욕구를 파악하는 데 매우 중요한 자질이다. 최신 트렌드·아이템에 대한 SWOT 분석과 함께 STP 전략을 세우고 평소 자신만의 아이디어를 도출하는 연습을 해두면 도움이 된다. 이 밖에도 창의력, 전략적 사고 역량이 요구된다.
영업	대인 관계 능력 소통 능력 전략적 사고 추진력	영업직은 '대인 관계 능력'과 '설득력, 소통 능력'이 핵심이다. 친근한 인상과 성실한 태도, 철저한 계획 관리 등은 필수다. 영업 계획을 수립하고 실적을 관리하는 한편 신규 시장 개척 업무를 담당해야 하는 영업직의 특성상 전략적 사고와 마케팅 감각, 추진력 등이 필요하다.
인사	대인 관계 능력 소통 능력 유연성 창의력	인사직에서 가장 필요한 역량은 친화력, 대인 관계 능력, 중재자 역할 등 '의사소통 능력'이다. 기업과 직원 간 가교 역할을 담당하는 업무의 특성상 양쪽의 입장을 균형 있게 유지하는 능력이 필요하다. 인재 채용부터 해임, 교육, 관리, 평가 등 인사 전략 기획 등에 필요한 유연성과 창의력을 어필하는 것도 좋은 방법이다.
홍보	의사소통 능력 분석력 작문 능력 위기관리 능력	대외 언론 홍보와 SNS 운영 등을 하는 홍보직은 의사소통 능력과 함께 반짝이는 아이디어가 필요하다. 자료 분석 능력은 물론 보도 자료 등 작성에 필요한 작문 능력, 빠른 상황 판단과 위기관리 능력이 요구된다.
IT	실무 지식 실무 역량	모바일 및 웹 개발, 시스템 또는 응용 소프트웨어 개발을 담당하는 IT·SW직은 스펙보다는 진짜 실력이 가장 중요하다. 프로그래밍 언어, 소프트웨어 지식 등 실무에서 바로 쓸 수 있는 실력을 중심으로 역량을 어필해야 한다. 참여한 프로젝트 등에 대한 포트폴리오를 미리 정리하고 팀 단위 업무에 필요한 역량을 중심으로 어필하는 것이 좋다.

R&D	전문 지식 분석력 논리적 사고 창의성	R&D 직무 또한 전문 지식이 무엇보다 중요하다. 시장과 소비자의 요구에 부합하는 신제품 개발, 기존 제품의 서비스 향상 등은 전문성이 없다면 불가능하다. 또한 분석력과 논리적 사고, 창의성 등이 요구된다.
재무 회계	도덕성 꼼꼼함 전문 지식	재무회계 파트는 기업의 '돈'을 직접 다루는 만큼 높은 도덕성을 요구한다. 실수가 없어야 하는 만큼 꼼꼼하고 세심한 품성에 주목하는 기업도 많다. 세금 신고 및 납부, 재무 구조 안정화 등 관련 전문 지식도 필수다.
생산 관리	문제 해결 능력 분석력 외국어 능력	생산·품질관리직은 언제 어디에서 어떤 일이 일어날지 모르는 현장을 관리한다. 따라서 제품에 대한 이해와 함께 문제 해결 능력과 예리한 분석력이 요구된다. 특히 외국인 근로자와 소통할 수 있는 실전 외국어 능력도 갖춰야 한다.

핵심역량 3가지, SAPC 스토리로 정리하기

앞서 역량+경험표에서 별표 친 역량과 위 표에서 나온 직무 핵심역량을 3가지로 추려 이에 대한 근거로 제시할 수 있는 경험을 최소 2가지씩 SAPC 스토리로 준비해야 한다. 많은 지원자들이 소재가 될 만한 경험을 찾는 것 자체를 어려워하는데, 면접관들은 신입사원에게 어마어마하게 대단하고 특별한 경험을 기대하지 않는다. 모두가 국토대장정의 리더가 되고, 20킬로그램

씩 몸무게를 감량하고, 히말라야를 등반할 수 있는 건 아니지 않은가. 당신의 인성과 역량을 일관되게 잘 표현할 수 있다면 소소한 경험도 괜찮다. 단, 기승전결이 살아 있는 이야기여야 면접관도 흥미롭게 듣고 당신에게 인간적 매력을 느끼며 공감할 수 있다. 핵심역량별로 3가지 경험을 추려 다음 SAPC 스토리 표에 정리해보자.

[연습] 핵심역량 1

경험 주제 ①

S (상황)	
A (행동)	
P (성과)	
C (기여)	

경험 주제 ②

S (상황)	
A (행동)	
P (성과)	
C (기여)	

[연습] 핵심역량 2

경험 주제 ①

S (상황)	
A (행동)	
P (성과)	
C (기여)	

경험 주제 ②

S (상황)	
A (행동)	
P (성과)	
C (기여)	

[연습] 핵심역량 3

경험 주제 ①

S (상황)	
A (행동)	
P (성과)	
C (기여)	

경험 주제 ②

S (상황)	
A (행동)	
P (성과)	
C (기여)	

위에서 정리한 핵심역량 3가지와 경험 6가지는 면접에서 당신이 기회가 있을 때마다 반드시 어필해야 할 내용이다. 면접관이 대놓고 다음과 같이 물을 때는 그중에서도 가장 자신 있는 역량을 적극적으로 말해야 한다.

- 우리 회사가 당신을 꼭 뽑아야 하는 이유가 있나요?
- 본인이 왜 우리 회사에 꼭 필요하다고 생각하나요?
- 우리 회사에 기여할 수 있는 점을 구체적으로 말해보세요.
- 다른 지원자들과 차별화된 점을 구체적으로 말해보세요.

표현만 다르지 모두 당신의 핵심역량을 묻는 질문이다. 그 어떤 질문보다도 가장 열정적으로 답변할 수 있어야 한다.

앞서 면접은 블록으로 나를 만드는 것과 비슷하다고 했다. 위 경험들은 가장 중요한 6개의 핵심 블록이라고 할 수 있다. 다양한 질문 안에 숨어 있는 면접관의 의도를 파악한 후, 면접관이 알고 싶어 하는 역량의 블록을 재빨리 제시하면서 나만의 스토리로 풀어야 한다. 따라서 소재가 떨어지는 일이 없도록 상자 안에 블록을 충분히 모아둬야 한다. 면접이 끝나갈 무렵 블록이 조각조각 맞춰져 완성된 모습이 바로 면접관에게 각인된 '당신의 모습'이다.

FACT 심층 질문에 대비하자

위 핵심역량 3가지와 역량별 경험 2가지(총 6개의 경험)는 면접장에 들어가서 반드시 강조해야 하는 당신의 강점이다. 위 경험과 관련해서는 언제든지 꼬리에 꼬리를 무는 아주 심층적인 질문이 들어올 수 있으므로 이에 대비해야 한다.

일반적으로 다음 FACT에 따라 면접관의 질문이 이어진다.

Feelings	무엇을 느꼈습니까?	느낌, 교훈
Actions	무엇을 했습니까?	판단 기준, 구체적인 노력, 방법과 절차
Contexts	어떤 상황이었습니까?	타 이해관계자의 반응, 영향
Thoughts	무엇을 생각했습니까?	생각, 아이디어

위와 같이 면접관은 주로 '무엇을, 어떤'으로 시작하는 질문을 한다. 다음 심층 질문 포인트를 참고해 당신의 6개 SAPC 경험에 대해 스스로 질문을 던지고 답변해보자. 매우 세부적인 것까지 잘 기억하고 정리해놓지 않으면 자신의 경험인데도 순간 당황하고 머뭇거릴 수 있다. 예를 들어 당신이 동아리

활동을 언급한다면 '그 동아리에서 가장 친했던 친구 이름은 무엇인가?', '팀
원은 몇 명이었는가?', '목표는 무엇이었는가?', '가장 힘들었던 일은?' 등의
추가 질문이 이어진다. 머뭇거리는 순간, 면접관은 당신의 경험이 거짓이라
판단할 것이다.

심층 질문 포인트

구체적인 설명을 요구하는 질문	• …에 대해 구체적으로 알기 쉽게 설명해주세요. • …라는 것은 구체적으로 어떤 의미입니까? • …과 비교하면 어떤가요?
'무엇을' 또는 '어떻게'로 생각을 묻는 질문	• …에 대해 무엇이 제일 중요하다고 봅니까? • …에 대해 어떻게 생각합니까? • …에 대해 어떻게 이해합니까?
어떤 근거로, 어째서 등 이유를 확인하는 질문	• 어째서 그렇게 판단하게 된 것입니까? • …에 대해 어떤 부분이 그렇다고 보는 것입니까?
의문을 제기하는 질문	• …는 그 반대가 아닐까요? • 그 점은 그것에만 제한적이지 않습니까? • 당신이 그 입장이라면 어떻게 하겠습니까? • …와 달리 생각한다면 어떻게 생각합니까? • 다시 그 상황으로 돌아간다면 똑같이 하겠습니까?

여섯 개의 핵심 경험만큼은 어떤 질문이 들어와도 자유자재로, 아주 세밀한 부분까지도 답변할 수 있도록 경험에 대한 모든 기억을 떠올려 심층 면접에 대비하도록 하자. 면접을 함께 준비하는 친구들과 면접관/지원자 역할을 바꿔가며 이어지는 질문에 즉시 답변하는 훈련을 해볼 것을 추천한다.

직무 이슈를 파악해야 마음이 놓인다

자신의 경험이나 가치관을 묻는 질문에는 어떻게든 더듬더듬 대답할 수 있지만, 준비해놓지 않으면 입을 뗄 수조차 없는 질문이 있다. 바로 시사 또는 직무 관련 이슈가 그렇다. R&D 직무에서는 최신 기술 동향에 대해 물을 것이고, 인사 직무라면 최근의 HR 동향을 알고 있는지, 시사점과 대응 방안은 뭐라 생각하는지 등을 물을 것이다. 이는 직무에 대한 관심과 준비 정도를 파악하는 질문이다.

간단하게 최신 직무 이슈를 파악하는 방법은 1~2년 내의 관련 기사, 기업 블로그 등을 검색하는 것이다. 관련 분야의 정기간행물에는 더욱 심도 있는 논의와 전문가의 생각이 담겨 있으니 이를 참고하는 것도 좋다. 무엇이 이슈이며 논쟁점인지 구체적인 사례를 파악해보길 바란다.

자, 그렇게 파악한 이슈가 어떤 의미가 있고, 회사에 어떤 영향을 미칠 것인지 반드시 자신의 생각을 정리해둬야 한다.

특히 대학을 갓 졸업하고 직장 경험이 없는 구직자들은 이런 질문을 꽤 어려워한다. 따라서 답변의 질은 천차만별일 수밖에 없고, 잘만 준비해두면 당신이 돋보일 수 있는 절호의 기회다! 지금 당장 그대가 지원한 직무의 최신 이슈를 딱 3가지만 뽑아보자. 그리고 그에 대한 시사점과 자신의 생각 및 포부를 다음 예시를 참고해 정리해보자. 지금의 간단한 작업 하나가 심적으로 굉장히 큰 안정감을 가져다줄 것이다. **면접은 아는 만큼, 준비한 만큼 성공하는 게임이기 때문이다.**

[예시] 직무별 최신 이슈 정리

지원 직무 : HRD 직무

이슈	사례 및 시사점	나의 생각 및 포부
전략적 인재 경영	• 경영진과의 전략적 파트 너십 구축 • HRM과 HRD의 전략적 연계를 통한 인재 경영	• HRD의 역할이 기존의 T&D, OD, CD에서 벗어나 글로벌 경쟁력, 도덕성을 갖춘 인재를 육성하고 잠재 역량을 끌어내는 창조적 HRD, 변화에 적응하고 학습하는 HRD, 미래를 준비하는 전략적 HRD로 기능과 역량이 확대되고 있음. • HRDer로서 경영진의 전략적 파트너라는 생각을 가지고 조직 전체를 바라보며, HRM과 연계한 인재 경영을 탁월하게 해내는 전문가로 성장하고 싶음.

현장 성과 중심의 HRD 지원 활동 강화	• WLP를 통한 성과 창출 활동 • 퍼포먼스 컨설팅 강화 • 코칭/멘토링을 통한 인재 및 리더 양성 주력	• 4차 산업혁명의 도래로 학습 패러다임이 바뀜. 변화에 대응하기 위해 개인 학습, 팀 학습, 조직 학습이 습관적으로 일어나 끊임없이 성장하는 학습 조직이 되어야 하며, 이는 조직의 퍼포먼스에 반드시 기여해야 한다고 생각함. • 코칭/멘토링 기술을 차근차근 익혀 미래 인재 양성에 꼭 기여하고 싶음.
토탈 러닝 솔루션 제공	• IT를 통한 다양한 러닝 솔루션 제공 • 인재의 다양성 확보를 통한 HRD 활동	• 디지털 네이티브 세대 비중이 높아지는 가운데 스마트 러닝이 기업 교육에서 차지하는 비중은 갈수록 커질 것임. • HRDer는 새로운 스마트 러닝 생태계 촉진자 겸 관리자로서 역할을 수행해야 한다고 생각함. • 조직의 HRDer 또한 기업에 필요한 신규 인력에게 요구되는 자질과 역량을 예측하고, 미래 변화에 민첩하게 대응할 수 있는 역량을 기를 수 있어야 함.

[**연습**] 직무별 최신 이슈 정리

지원 직무 :

이슈	사례 및 시사점	나의 생각 및 포부

이렇게 최신 직무 이슈와 더불어 전공(직무) 지식에 대한 정리도 필수적으로 해야 한다. 머릿속의 수많은 지식도 말과 글로 표현할 수 없다면 알아도 아는 게 아니다. 많이 들어봐서 용어가 익숙한 것과 실제로 아는 것은 전혀 다르다. 전공(직무) 관련 기출 문제를 참고해 예상 질문 리스트를 만들고 반드시 '**말로 답변하는 훈련**'을 하길 권한다. 그래야만 아는 것을 아는 만큼 말할 수 있다.

과제를 하나씩 완성할 때마다 합격 도장을 찍으세요.

작성 및 숙지	자연스럽게 말하기 연습 (최소 3회 이상)			합격
핵심역량 1 주제 ①, ② SAPC	1	2	3	합격
핵심역량 2 주제 ①, ② SAPC	1	2	3	
핵심역량 3 주제 ①, ② SAPC	1	2	3	
FACT 심층 질문 대비	1	2	3	
직무 최신 이슈	1	2	3	
전공(직무) 예상 질문	1	2	3	
오늘의 성찰				

DAY 3
회사에 대해 알라

"운명은 우연이 아닌 선택이다.
기다리는 것이 아니라 성취하는 것이다."

– 윌리엄 제닝스 브라이언 –

회사에 대해 많이 알면 알수록 좋다

아마도 당신은 관심 있는 직무를 중심으로 채용 공고가 올라오는 여러 회사에 지원할 것이다. 그러다 보니 정말 가고 싶은 회사가 아니라면 회사에 대한 정보 분석에 소홀할 수 있다. 하지만 회사 입장에서는 회사에 대해 잘 알고 애정과 충성심을 보여주는 인재를 원한다. 예전처럼 '평생직장' 개념이 사라진 오늘날에는 한곳에서 충직하게 오래 일하는 인재가 드물다. 대기업, 중

소기업 할 것 없이 요즘 기업들은 직원들의 높은 이직률이 큰 고민 중 하나이고, 빠른 이탈을 막기 위해 많은 노력을 다한다.

따라서 쉽게 경쟁사로 휙 가버리는 사람이 아니라, 회사에 애정을 갖고 열심히 일할 충직한 사람을 1순위로 찾는다. 그래서 질문한다. 회사에 대해 얼마나 알고 있는지, 오래 일할 생각이 있는지 묻는 것이다. 면접에선 확고한 입사 의지를 어필하는 것이 중요하다. **회사에 대해 많이 알고 있다는 점을 보여줌으로써 애정과 충성심을 자연스럽게 표현할 수 있다.**

그렇다면 회사의 어떤 정보를 알아야 할까? 무엇이든 많이 알면 알수록 좋다. 하지만 시간이 부족하다면 최소한 다음 정보만큼은 알고 면접에 임하도록 하자. 회사 홈페이지와 블로그, 뉴스, 신문기사, 대표이사 인터뷰 등은 두어 시간 정도 검색하면 어렵지 않게 수집할 수 있는 정보다. 자, 그러면 실전에 임하는 자세로 지원하고자 하는 회사에 대해 자신이 조사하고 수집한 정보를 제시된 주제별로 기록해보자.

회사의 역사

    회사의 과거를 이해하면 현재의 모습뿐 아니라 미래의 방향까지도 예측할 수 있다. 회사의 역사에는 창업자의 정신과 철학이 고스란히 담겨 있고 이는 조직문화에 스며들어 있다. 면접관이 회사의 역사에 대해 직접적으로 묻지는 않지만, 알고 있다는 걸 답변에서 언급한다면 회사에 대한 관심도를 드러낼 수 있다.

회사가 속한 산업 및 현황 이해

회사가 속한 산업군을 이해하고 현황을 파악하면 관련된 질문이 나왔을 때 당황하지 않고 침착하게 말할 수 있다. 업계는 회사가 시장에서 치열하게 경쟁하는 전쟁터이자 장차 당신이 나아갈 벌판이기도 하다. 미리 알아야 하는 게 당연하다. 현재 경쟁사로는 어디가 있는지(경쟁 구도), 업계의 트렌드 또는 핵심 성공 요인은 무엇인지 생각해보자.

경영 방침 및 주력 사업

관련 뉴스와 현 대표이사의 인터뷰 기사 등을 찾아보면 이에 대한 정보는 쉽게 알 수 있다. 회사가 어떤 방침에 입각해 움직이고 있으며, 주된 사업의 목표와 전략 등은 무엇인지 파악해보자. 입사 후 하고 싶은 일을 분명히 하고, 회사에 기여하고자 하는 의지를 드러내기가 수월해진다.

주력 제품과 서비스

회사의 제품이나 브랜드, 제공하는 서비스에 대해 정확하게 알고 있어야 한다. 이를 은연중에 언급하는 것만으로도 회사에 대한 관심을 보여줄 수 있다. 직접 제품과 서비스를 사용해본 경험이 있다면 금상첨화다. 이때 좋았던 점이나 감동했던 점, 개선이 필요한 점에 대해 말해보자.

회사의 핵심 가치와 인재상

기업문화의 근간을 이루는 DNA가 바로 핵심 가치다. 핵심 가치와 인재상을 찾아 비교해보면 전체 맥락이 비슷한 것을 확인할 수 있다. 예를 들어 신한은행의 핵심 가치는 '고객 중심, 상호 존중, 변화 주도, 최고 지향, 주인 정신'이다. 인재상은 '따뜻한 가슴을 지닌 창의적인 열정가'로 정의돼 있는데, 이는 핵심 가치와 맞닿아 있다. 그러면 당신이 바로 그런 핵심 가치와 인재상에 부합하는 인물임을 증명해야 한다. 어떻게 해야 할까? SAPC 스토리를 떠올려보라!

회사의 미션과 비전 ★

회사의 존재 이유이자 목적인 미션(사명)과 미래에 달성하고 싶은 이상적인 모습(비전)은 경영진이 진지한 고민을 거듭한 후에 만든 것이다. 회사는 직원 채용 후 이런 미션과 비전에 대한 교육을 열심히 실시한다. 그래야 직원들이 회사를 다니는 이유와 회사의 미션을 일치시켜 자부심을 느낄 수 있기 때문이다. 비전은 회사와 직원이 함께 힘을 합쳐 달성해야 할 지향점이다. 만일 입사도 하기 전에 회사의 미션을 충분히 이해하고 그런 가치가 좋아서 지원했다고 한다면 어떨까? 비전과 구체적 목표를 이미 알고 있고 거기에 공헌하고 싶다고 한다면? 두말할 것 없이 바로 합격이다!

이렇게 회사에 관한 6가지 항목에 대한 내용만 잘 정리해둬도 회사와 관련된 질문은 어렵지 않게 답변할 수 있다.

반드시 묻는 지원 동기, 이제는 쉽게 말할 수 있다!

왜 우리 회사에 지원했는가? 수많은 회사 중에 왜 우리 회사를 선택했는가? 이것이 회사 입장에서는 가장 궁금한 내용이다. 지원자 입장에서는 회사에 대해 잘 알지 못하면 선뜻 대답하기 어려운 질문이기도 하다. '업계 1위 회사라서', '회사 이미지가 좋아서' 등 준비 없이 누구나 할 수 있는 막연한 답변은 피해야 한다. 회사에 대해 최소한의 정보도 모른 채 마구잡이로 지원한 '묻지 마 지원'을 걸러내기 위해서라도 지원 동기는 반드시 묻는다. 지원자가 정말 입사할 의지가 있는지는 지원 동기를 물으면 그대로 드러난다. 이제 당신은 회사와 직무 분석을 통해 기본적인 내용을 파악했기에 쉽게 지원 동기를 피력할 수 있을 것이다!

지원 동기 패턴
관심 갖게 된 계기 + 회사의 지향점 + 공헌할 수 있는 일

관심 갖게 된 계기

회사 또는 직무에 관심을 갖게 된 경험, 계기를 언급하라. 자신만의 체험이기에 훨씬 설득력이 있고 차별화된 답변을 할 수 있을 것이다.

회사의 지향점

회사가 지향하는 방향(핵심 가치, 사명)이나 경영 방침, 목표 달성을 위한 세부 전략 등을 언급하라.

공헌할 수 있는 일

회사가 지향하는 방향에 당신이 공헌할 수 있는 일을 이야기하라. 업계 분석을 통해 나온 기획안이 있으면 더할 나위 없이 좋다. 당신의 기획을 제안하는 자리라고 생각하고 준비하면 면접에서 월등히 돋보인다.

회사에 지원한 동기 외에도, 그 직무에 지원한 동기를 묻는 경우도 많다. 직무에 초점을 맞춘 지원 동기도 별도로 준비해두자. 마찬가지로 그 직무에 관심 갖게 된 계기와 입사 후 자신의 역량을 발휘해 회사에 공헌할 수 있는 일을 이야기하면 된다.

[예시] 지원 동기

"저는 5년 전, 유럽 여행을 가면서 인천 국제공항을 처음 방문했습니다. 더없이 넓고 이용이 편리했던 인천 공항에 대해 긍정적인 이미지와 자긍심을 가지게 되었는데요. 이후 인천 공항에 대한 새로운 소식을 접할 때마다 관심을 가지고 봐왔고, 얼마 전에는 스마트 공항에 대한 기사를 보게 되었습니다. (관심 갖게 된 계기)

인공지능, 사물인터넷 등 4차 산업혁명 기술을 활용해서 고객들에게 다양하고 정확한 정보를 제공할 뿐만 아니라 로봇, 자율주행차량 등을 활용한 최첨단 서비스를 도입한다는 점이 꼭 인천 국제공항공사와 함께하고 싶다는 열망을 불러일으켰습니다. (회사의 지향점)

그동안의 다양한 소프트웨어 개발과 AI 음성비서 개발 경험을 토대로 '기술의 편리함'을 인천 국제공항을 이용하시는 '고객의 편리함'이 될 수 있도록 노력하겠습니다." (공헌할 수 있는 일)

YouTube 저자 강의
지원 동기 답변법

그동안의 노력들은 회사와 지원 분야에 맞춘다

이번엔 이 직무를 하기 위해 구체적으로 어떤 준비와 노력을 해왔는지 정리해보자. 지원 분야와 관련 있는 전공 공부, 자격증, 공모전, 프로젝트 경험, 아르바이트, 동아리, 학회 활동, 인턴 등 면접을 보기 위해 준비한 것들을 정리해 말하면 된다. 얼마나 지원 분야에 실질적인 관심을 갖고 꾸준히 노력을 기울여왔는지 에피소드 2~3가지와 입사 의지를 덧붙여 얘기한다면 면접관에게 좋은 이미지를 줄 수 있다.

[예시] 입사 준비와 노력

"인사관리에 흥미를 느끼기 시작하면서 체계적으로 관련 분야를 공부하고, 실전 경험을 쌓기 위해 노력해왔습니다. 특히 인사관리 전공 수업을 통해 HRM에 대한 전문 지식을 쌓을 수 있었고요. 전공 수업 이후 1년간의 공부를 통해 노무사 자격증을 취득했습니다. 그리고 C 기업에서 인사부 인턴으로 6개월간 근무하면서 상황에 따라 어떻게 인적 자원을 관리해야 하는지도 실전에서 배울 수 있었습니다. (입사 준비와 노력)

기업을 성장시키는 핵심 요소는 유능한 인재를 효율적으로 관

리하는 것이라고 생각합니다. 유능한 인재를 선발하고 효율적
으로 관리해 기업의 성장에 이바지하는 인사팀의 막내 직원이
되겠습니다. 감사합니다." (입사 의지)

[**연습**] 입사 준비와 노력

입사 후 포부는 직무 및 회사 정보와 연결하면 쉽다

선뜻 대답하기 어려운 질문 중 하나가 '입사 후 포부'다. 무작정 열심히 배우겠다는 사람이 대다수고, 구체적으로 어떻게 성장해나가겠다고 야무지게 포부를 밝히는 사람은 드물다. 이 질문에 답변만 잘해도 목표 의식과 진취성, 성실한 면모를 모두 보여줄 수 있다.

여기서 잠깐! 꼭 당부하고 싶은 것이 하나 있다. **절대로 무조건 배우겠다고 하지 마라.** 물론 일터는 학습의 장이긴 하지만 회사는 당신을 가르치기 위해 존재하는 '학교'가 아니다. 배우러 회사에 출근하는 것이 아니라 회사의 구성원으로서 크든 작든 성과를 내러 가는 것이다.

당신은 어엿한 성인이다. 밥을 떠서 입에 넣어주길 기다리지 말고 스스로 성장해나가야 한다. **입사 후 포부란 당신이 해당 직무에서 어떻게 성장해나갈 것인지, 단계적으로 어떤 목표를 갖고 있는지를 묻는 것이다.** 성취하고 싶은 뚜렷한 꿈과 목표가 있는 사람이 그만한 성과를 낸다. 그래서 묻는 것이다. 면접에서는 단 하나의 질문도 허투루 하는 법이 없다. 다시 한 번 말하지만 면접은 COP(Competency, Organization friendly, Passion)를 갖춘, 우리 회사와 맞는 인재인지를 끊임없이 탐색하는 과정이다.

당신이 해당 분야에서 최고의 전문가가 되어 회사에 더 큰 공헌을 하겠다는 목표를 세워보자. 이왕 같은 시간 일하는 것, 더 멋지게 잘 하면 좋지 않은가! 회사의 인정과 보상뿐 아니라 목표를 이뤘을 때 스스로 느낄 만족감과 행복감이 훨씬 크다. 목표, 포부를 이야기할 때 지원한 직무를 잘 알면 답변하기가 훨씬 쉬워진다. 단기적인 포부는 입사 직후 어떻게 업무를 배워나가고 어떤 신입사원이 될 것인지, 장기적인 포부는 5~10년 후 어떤 위치에서 회사에 어떻게 공헌하는 사람이 될 것인지를 말하면 좋다. '입사 5년 후 또는 10년 후 자신의 모습을 그려보세요'라는 질문은 자주 출제되니 꼭 정리해두자.

마음을 사로잡는 스피치는 절대 추상적이거나 모호하지 않고 구체적이다. "열심히 배워 최고의 전문가로 성장하겠습니다"가 아니라 구체적인 성장 목표와 계획을 이야기해야 한다. 다음의 예를 참고해서 지금 바로 입사 후 포부를 작성해보자.

[예시] 입사 후 포부

🎧 "제가 A 은행에 입사하게 된다면 누구보다 빨리 업무를 습득하고, 꼼꼼함까지 갖춘 신입사원이 되겠습니다. 선배님들께서 뭐든 믿고 맡길 수 있는 듬직한 후배로 성장하겠습니다. (단기적인 포부)

앞으로 10년 후 꼭 달성하고 싶은 목표는 중국 지사의 지점장이 되는 것입니다. 국내뿐만 아니라 해외까지 A 은행의 입지를 넓히는 데 꼭 기여하고 싶습니다. 그동안 갈고닦은 중국어 실

력을 바탕으로 국내를 넘어 중국에서도 인정받는 A 은행의 지
점장이 되는 것이 저의 장기적인 포부입니다." (장기적인 포부)

[**연습**] 입사 후 포부

이렇게 정리한 내용은 반드시 소리 내어 읽고, 자신의 언어로 자연스럽게 말할 수 있을 때까지 반복해야 한다. 'DAY 5 면접 스피치 팁'의 '외우지 말고 자연스럽게 말하라', '진정성을 담아 목소리와 표정으로 말하라'를 참고해서 연습해보자. 휴대폰의 녹음/녹화 기능을 통해 자신의 목소리와 표정, 몸짓까지 보면서 꼼꼼히 체크해보자. 미처 몰랐던 자신의 부족한 점을 즉시 발견하고 개선할 수 있는 기회가 될 것이다.

과제를 하나씩 완성할 때마다 합격 도장을 찍으세요.

작성 및 숙지	자연스럽게 말하기 연습 (최소 3회 이상)			합격
회사의 역사	1	2	3	합격
산업의 이해 및 현황	1	2	3	
경영 방침 · 주력 사업	1	2	3	
주력 제품 · 서비스	1	2	3	
핵심 가치 · 인재상	1	2	3	
미션 · 비전	1	2	3	
지원 동기	1	2	3	
입사 준비와 노력	1	2	3	
입사 후 포부	1	2	3	
오늘의 성찰				

DAY 4
인성 면접 집중 공략

"자신을 믿어라. 자신의 능력을 신뢰하라.
겸손하지만 합리적인 자신감 없이는
성공할 수도, 행복할 수도 없다."

– 노먼 빈센트 필 –

효과 만점 자기소개 패턴을 기억하라

"자기소개 해보세요."

면접장에 들어서면 보통 제일 먼저 듣는 질문이다. 만일 아무런 준비도 없이 면접을 보러 갔다면 어떻게 자기소개를 하겠는가?

"저는 대학에서 ○○을 전공했고, 동아리 활동으로는 밴드부를 하면서 대학 생활을 즐겁게 보냈고요. 성격은 활달하고 누구하고나 친해지는 타입이고, 특기는 수영이랑 영어회화 자신 있고요. 제 좌우명은 '카르페 디엠'인데, 현재에 충실하며 살려고 노력하고 있습니다. 뽑아만 주신다면 최선을 다해 일하겠습니다!"

이게 바로 준비를 하나도 하지 않았을 때 튀어나올 수 있는 답변 수준이다. 보나 마나 낙방이다. 면접관들은 하루에도 수많은 지원자들을 만나다 보니 자기소개서를 미리 꼼꼼하게 보는 일은 드물다. 자기소개를 시켜놓고 그 시간에 지원자의 이력서와 자소서를 훑어보는 경우도 많다. 이렇게 그저 시간을 벌기 위해 자기소개를 해보라고 하는 경우도 있으니 면접관이 쳐다보지 않더라도 당황하지 말자.

또한 첫 느낌을 관찰하기 위해 자기소개를 하라고 해놓고 그저 물끄러미 쳐다보는 경우도 있다. 어떤 경우든 자기소개는 면접관과의 첫 대화이므로 호감을 주는 긍정적인 이미지를 주는 것이 중요하다. 자기소개만 듣고도 '어, 저 친구 괜찮은데. 좀 더 알아봐야겠어'라는 생각이 들게 한다면 합격이다.

특히 면접관이 일제히 서류만 보고 있는 상황이라면, 말하는 사람이 누군지 궁금해서 고개를 들지 않을 수 없을 정도로 자신감 넘치는 목소리로 말하는 것이 중요하다. 그리고 자기소개에 이어 바로 추가 질문이 들어올 수 있도록 흥미로운 소재를 꺼내는 것도 필요하다. 자기소개에는 뚜렷한 정답이 있는 것도 아니며, 면접 코치들마다 제각기 다른 방법을 이야기한다. 다음은 내가 생각하는 가장 쉽고도 효과 만점인 자기소개 패턴이다. 이미 자기분석, 직무/회사 분석을 통해 도출한 내용이 있으니 어렵지 않게 자기소개를 만들 수 있다.

자기소개 패턴

캐릭터 + 강점 스토리텔링 + 기여 의지

캐릭터 소개

면접이 끝난 후 면접관의 머릿속에 어떤 사람으로 기억되고 싶은가? 면접관의 뇌리에 남기고 싶은 캐릭터를 지금 만들어보자. 당신을 한 문장, 한 단어로 표현하라면 뭐라 말하겠는가? 사람, 사물, 동물, 사자성어 등에 빗대어 자신의 강점이나 특징을 표현하면 인상적인 소개가 될 수 있다. 단, 오뚝이, 카멜레온 등 너무 상투적이고 진부한 표현이 되지 않도록 유의하라.

강점 스토리텔링

'DAY 2'에서 발견한 자신의 핵심역량 중 최고로 내세우고 싶은 강점 2가지를 간단히 언급하고, 각 역량의 근거를 간단한 스토리텔링으로 흥미롭게 전달해보자.

기여 의지

계속 강조하지만, 면접관이 가장 중요하게 생각하는 것은 '과연 이 사람이 우리 회사에 기여할 수 있는가'이다. 소개 마지막에 본인의 역량으로 회사에 어떻게 기여할 수 있는지, 어떤 포부를 갖고 노력할 것인지 의지를 표명하라.

자기소개를 포함한 모든 답변은 1분 이내(40~50초)여야 한다. 문서 파일에서 글자 크기 10포인트로 작성했을 때 8~10줄 정도 되는 분량이다.

[예시] 자기소개

"안녕하십니까? 어디에서나 잘 어울리는 개그맨 김영철을 닮은 지원자 김수혁입니다. 보시다시피 저는 얼굴이 김영철을 닮기도 했지만, 진취적인 면에서도 크게 닮았습니다. (캐릭터

소개)

김영철은 이름만 들어도 전 국민이 다 아는 개그맨으로 자기 분야에서 성공했습니다. 하지만 이에 그치지 않고 영어에 도전해서 책을 내고 강연을 하면서 자신의 능력을 확장했습니다. 저 역시 공대생이지만 외국어를 꾸준히 공부해오면서 비즈니스 실무에 적용 가능한 영어와 중국어 회화 실력을 갖췄습니다. 또한 어학연수 경험을 통해 다양한 문화에 대해 깊이 이해할 수 있었고, 의사소통의 중요성을 크게 공감하면서 성장했습니다. (강점 2~3가지 스토리텔링)

자신의 분야만 파고드는 'I'자형 인재가 아닌 다른 분야까지도 진취적으로 확장해나가는 'T'자형 인재로서 세계로 나아가는 H케미컬의 큰 걸음에 함께하고 싶습니다." (기여 의지)

모든 만남에서 서로에 대한 탐색은 자기소개로 가볍게 시작된다. 면접도 마찬가지다. 자기소개만큼은 활기찬 모습으로 자신감 있게 해내자. 연습, 또 연습만이 길이다!

면접 질문의 숨은 의도를 파악하자

면접관이 하는 질문 중에 의미 없는 질문은 없으며 모두 의도가 담겨 있다. 어떤 의도일까? 바로 COP를 갖춘 인재인지의 여부다. 초반에 자세히 기술했듯이 COP는 일을 잘 해내는 직무 역량(Competency), 조직 친화도(Organization friendly), 열정적이고 적극적인 태도(Passion)를 말한다. 따라서 자신이 COP를 갖춘 인재로서 회사의 목표 달성에 기여할 인재라는 것을 모든 답변을 통해 어필해야 한다.

면접관이 뜬금없이 취미를 물었다고 해보자. 언뜻 아무 의미 없는 질문 같다. 그러나 당신이 여가 시간에 무엇을 하며 보내는지 면접관이 정말로 궁금할까? 아니다. 취미라는 질문을 통해 지원자의 여러 가지 면모를 파악할 수 있기 때문에 묻는 것이다. 예를 들어 혼자서 그림을 그리는 것이 취미인 사람과 여러 사람과 함께 축구하기를 좋아하는 사람은 성격이나 성향이 많이 다를 수밖에 없다. 또한 단순한 취미 질문이라도 꼬리에 꼬리를 물고 질문하다

보면 특정 분야에 얼마나 열정을 갖고 있는지, 도전과 몰입의 정신이 있는지, 취미를 통해 스트레스 관리를 어떻게 해내는지 등 COP를 판단하는 근거가 등장한다. 다시 한 번 강조하지만, **면접관이 하는 질문 중에 의도가 없는 질문은 없다.**

그러면 면접관의 의도를 파악하는 훈련을 해보자. 의도를 알고 답하는 것과 그냥 묻는 대로 대답하는 것은 전혀 다른 결과를 가져온다. 다음에 나열된 12가지 질문의 의도를 파악해보자. 표 오른쪽의 숨은 의도와 돌파 전략을 손으로 가리고 자신의 추측이 맞았는지 확인하면서 읽어보자.

주요 면접 질문	질문에 숨은 의도와 돌파 전략
본인의 가장 큰 장점은 무엇인가요?	**의도** : 지원자의 장점(강점)이 회사의 문제 해결에 어떤 도움이 될까? **전략** : 장점이 무엇인지 먼저 밝히고 이를 뒷받침하는 사례를 말해야 한다. SAPC 경험 기반 답변에 해당한다! 반드시 자신의 장점이 회사에 어떤 식으로 기여할 수 있는지 구체적으로 어필해야 한다. "왜 우리가 당신을 뽑아야 하죠?" "왜 본인이 우리 회사에 적합한 인재라고 생각하죠?" 이 질문들 역시 표현만 다를 뿐 같은 의도가 담겨 있다.
본인의 단점은 무엇인가요?	**의도** : 직무를 수행하는 데 영향을 끼칠 만한 단점은 없을까? 지원자가 질문을 회피하거나 거짓말을 하는지 알아볼 필요가 있다. **전략** : 누구에게나 단점은 있다. 이 질문에는 회피하는 태도를 보이거나 거짓말하지 않는 게 좋다. 직무 수행에 치명적이지 않은 단점이라면 솔직하게 말하고, 이를 개선하기 위해 노력하고 있다는 점을 언급하라.

스트레스에 어떻게 대처하나요?	**의도** : 스트레스에 적절히 대처하지 못하고 폭발하거나 동료들에게 피해를 주지는 않을까? **전략** : 누구나 일을 하면서 스트레스를 받는다. 이에 건설적으로 대처할 나름의 방법을 갖고 있다는 것을 차근차근 설명하자.
왜 이직하려고 하나요?	**의도** : 어떤 문제가 있어 이직하려는 건 아닐까? 우리 회사에 무엇을 기대하고 지원했을까? **전략** : 세상에 완벽하게 이상적인 직장은 없다. 이전 직장의 여러 가지 불만을 면접 때 이야기하는 것은 현명하지 않다. 직장에서 도망가려는 것이 아니라 성장을 위해 달려가고 있다는 것을 어필하자. 지원한 회사에 대한 조사가 빛을 발할 수 있는 순간이다.
공백 기간(휴학, 재 수, 편입 전후) 동안 무엇을 했나요?	**의도** : 집에서 TV 보고 게임이나 하면서 시간을 보낸 건 아닐까? **전략** : 공백 기간 동안 무엇을 했는지, 무엇을 느꼈는지, 그 경험이 향후 어떻게 도움이 될지를 언급해야 한다. 좋지 않은 이력에 시간을 뺏기지 않도록, 면접관이 추가 질문을 안 해도 될 만큼 명쾌하고 납득 가능한 답변으로 한 번에 끝내라.
존경하는 인물 (롤 모델)은 누구인가요?	**의도** : 사실 누구를 존경하는지는 중요하지 않다. 왜 존경하는지, 지원자가 갖고 있는 가치관이 궁금하다. **전략** : 지원한 직무에 도움이 되면서 개인적으로 중요하게 생각하는 가치관을 드러내는 인물을 고르고, 그 이유를 설득력 있게 제시하라.
살면서 가장 큰 좌 절을 겪었던 일은 무엇이었나요?	**의도** : 실패해도 다시 일어설 수 있는 사람인가? 솔직하게 대답할 것인가? **전략** : 실패했던 경험을 솔직하게 이야기하고, 그 경험을 통해 얻은 배움과 그 후의 긍정적 변화에 대해 말하라.

일을 주도적으로 진행한 경험에 대해 말해보세요.	**의도** : 스스로 일을 찾아서 적극적으로 행동하는 사람인가? 아니면 지시에 따라서만 움직이는 소극적인 사람인가? **전략** : '…한 경험'에 대한 질문은 무조건 SAPC 경험 기반 답변 패턴에 따르면 된다. 작은 일이라도 괜찮다. 자신이 주도적으로 찾아서 했던 업무와 그에 대한 성과, 이를 통해 배운 점을 이야기하자.
사람들과 갈등을 겪었던 일에 대해 얘기해보세요.	**의도** : 갈등이 있을 때 어떻게 대처하는 사람일까? 조직 친화적인 사람일까? **전략** : 역시 SAPC 경험 기반 답변 패턴을 따르면 된다. 최근의 갈등 상황을 기억해내고 대인 관계 향상을 위해 스스로 했던 노력과 배움에 대해 말하자. 그리고 입사 후 이런 경험을 어떻게 활용해서 조직에 기여할 것인지 덧붙이면 된다.
최근에 감명 깊게 읽은 책이 있나요?	**의도** : 어떤 독서 취향(지성, 호기심, 관심 분야)과 가치관을 갖고 있는가? **전략** : 최근 감명 깊게 읽은 책과 그 이유에 대해 설명하라. 취향이기 때문에 좋고 나쁨은 없으나 긍정적인 가치관이 드러나는 것이 좋다. 가장 나쁜 답변은 뻔히 드러날 거짓말을 하거나 아무것도 읽지 않는다고 답하는 것이다.
특기가 있나요?	**의도** : 업무 수행에 도움이 될 만한 특기(남이 가지지 못한 특별한 기술이나 기능)가 있을까? **전략** : 특기, 경쟁력에 대한 질문이므로 겸손하기보다는 당당하게 밝히는 것이 좋다. 지원한 일과 연관되거나 입사 후 업무 수행에 도움이 되는 특기를 말하는 것이 좋다.

어떤가? 질문을 보는 순간 면접관의 의도와 대답 전략이 바로 떠오르는 가? 잘 안 된다면 눈을 감고 자신이 회사를 운영하는 경영자라고 상상해보 자. 어떤 사람과 일하고 싶은가? 어떤 질문을 던져 지원자의 무엇을 알고 싶 은가? 입장을 바꿔서 생각해보면 크게 어렵지 않다.

상황형 질문, 어떻게 대처할까

"중요한 개인 용무와 회사 업무가 겹친다면 어떻게 할 건가요?"

"상사가 과도한 업무 지시를 하는 경우 어떻게 할 건가요?"

"본인이 원치 않는 직무를 해야 한다면 어떻게 할 건가요?"

실제로 위 질문처럼 조직과 개인의 이해가 충돌하는 상황이 회사에서는 비 일비재하다. 계속해서 COP를 갖춘 인재로 어필하라고 주장해왔는데, 조직 은 그 무엇보다 조직 친화적인 인재를 선호할 수밖에 없다. 조직에서 일어나 는 여러 갈등은 대개 지나치게 개인주의적인 사람들로 인해 발생하기 때문이 다. **개인적으로 약간은 손해를 보더라도 조직에서 원하는 바를 수용하는 답 변이 좋다.** 그리고 이는 면접 답변으로 그치는 것이 아니라, 실제 조직 생활 을 할 때도 그런 마음가짐이 중요하다는 점을 기억하자.

단, 오버하지는 말자. 조직의 지시라면 무조건 따르겠다가 아니라 상황과 우선순위에 따라 합리적인 방식으로 의견을 제시해야 한다.

그런데 위와 같은 대립 상황이 아니라 오로지 지원자의 윤리 의식을 판단하기 위한 질문이 있다. 예를 들어 '상사의 부정을 알게 된다면?', '아무도 없는 골목길에서 지갑을 줍는다면?', '고객이 사규로 금지된 골프 접대를 요구한다면?' 등 윤리적인 측면을 물어보는 질문에는 절대로 머리 굴리지 말고 원칙과 윤리, 도덕에 따라 행동하겠다는 의지를 밝혀야 한다.

물론 실제 조직 생활을 하면서도 '정직'을 가슴에 품고 말하고 행동해야 한다. '이 정도는 거짓말해도 모르겠지?' 하는 잔꾀와 눈속임을 상사들은 사실 다 알고 있다. 알고도 모른 척할 뿐이다. 당장 드러나진 않겠지만 장기적으로 봤을 때 당신의 인생에 큰 손해다.

한 사람의 현재 모습은 과거의 무수한 경험과 생각, 가치관이 모여서 형성된 것이다. 또 미래는 현재의 모습에 달려 있다. 당신이 면접관이라면 궁금하지 않겠는가? 내 앞의 지원자, 미래 우리 회사의 리더로 성장할 수 있는 이 사람이 그동안 어떤 경험을 했으며, 그 경험에서 무엇을 배웠고 어떤 생각과 가치관을 갖고 있는지, 앞으로 어떤 자세로 살아갈지…. 과연 우리 회사에 필요한 COP를 갖춘 미래 지향적인 인재인지 궁금할 것이다. 그런 면접관의 마음을 알고 답변해야 한다.

어떤 행동을 선택한 데는 분명 이유가 있을 것이고, 거기엔 그 사람의 가치관이 녹아들어 있다. 그러나 살면서 실수나 잘못을 저지르지 않는 사람은 없다. 또 약점이 없는 사람도 없다. 당신의 실수, 잘못, 약점에 대해 면접관이 집요하게 묻는다면 구구절절 변명하지 말고 깨끗하게 인정하라. 당시 그럴 만한 합당한 이유가 있었다면 그럴 수밖에 없었던 이유를 밝히면 된다. 예를 들어 학점(어학 점수 등)이 낮은 이유나 공백기 동안 무엇을 했는지, 고시 준비를 포기한 것에 후회는 없는지 등의 질문을 받는다면 그 경험을 통해 배운 점, 이후 스스로 변화하기 위해 얼마나 노력했고 현재 어떻게 변화했는지 답변하면 된다.

과거를 통해 미래를 예측하는 것이 면접이지만, 과거보다 중요한 것은 현재의 태도와 마음가짐이다. 물론 당연한 말이지만 말뿐이어서는 안 된다. 말과 행동이 일치할 때 삶에 진정성이라는 향기가 피어날 수 있다는 사실을 기억하라.

과제를 하나씩 완성할 때마다 합격 도장을 찍으세요.

작성 및 숙지	자연스럽게 말하기 연습 (최소 3회 이상)			합격
자기소개	1	2	3	합격
장점은 무엇인가요?	1	2	3	
단점은 무엇인가요?	1	2	3	
스트레스에 어떻게 대처하나요?	1	2	3	
왜 이직하려고 하나요?	1	2	3	
공백 기간 동안 무엇을 했나요?	1	2	3	
존경하는 인물(롤 모델)은 누구인가요?	1	2	3	
살면서 가장 크게 좌절했던 경험은 무엇인가요?	1	2	3	
일을 주도적으로 진행한 경험에 대해 말해보세요.	1	2	3	

사람들과 갈등을 겪었던 일에 대해 얘기해보세요.	1	2	3	
최근에 감명 깊게 읽은 책이 있나요?	1	2	3	
특기가 있나요?	1	2	3	
개인 용무와 회사 업무가 겹친다면 어떻게 할 건가요?	1	2	3	
상사가 과도한 업무를 지시하는 경우 어떻게 할 건가요?	1	2	3	
본인이 원치 않는 직무를 해야 한다면 어떻게 할 건가요?	1	2	3	
오늘의 성찰				

DAY 5
면접 스피치 집중 연습

**"가장 만족스러웠던 날을 생각해보라.
그날은 아무것도 하지 않고 편히 쉬기만 한 날이 아니라,
할 일이 태산이었는데도 결국은 그것을 모두 해낸 날이다."**

– 마가렛 대처 –

이건 꼭 기억해야 해! 면접 스피치 핵심 Tip 7

면접은 결국 '말'을 통해 자신이 어떤 사람인지 표현하는 것이다. 같은 말도 표현에 달라 전혀 다른 의미로 상대에게 전해지기 마련이다. 면접에서 반드시 적용해야 하는 면접 스피치 핵심 Tip 7을 기억하면서 다양한 질문에 자신만의 답변을 만들어 연습해보자.

1. 면접은 독백이 아닌 소통이다

면접은 질문 하나 뽑아 들고 하는 독백이 아니다. 면접은 소통이다. 대상과 목적이 다를 뿐 평소에 하는 대화와 크게 다르지 않다. 그런데 면접을 너무 특수한 상황으로 생각한 나머지 면접관과의 소통을 스스로 막아버리는 지원자들도 더러 있다. 그럴싸하게 포장한 거짓 모습으로 일관하는 경우가 있는가 하면, 일상에서 쓰지 않는 딱딱하고 어색한 말투 때문에 더 이상 대화를 이어가기 어려운 경우도 있다.

면접은 소통이기에 상호작용이 매우 중요하다. 인간과 인간이 만나 이야기를 나누며 서로의 생각과 경험을 나누는 자리라고 생각하라. 모르겠으면 잘 모르겠다고 솔직히 시인하고 질문의 의도를 물어볼 수 있어야 한다. 끊임없이 면접관의 표정, 몸짓, 목소리에서 의도를 파악하고 질문의 의미를 포착해야 한다. 이런 과정을 통해 면접관이 원하는 것이 무엇인지, 지금은 어떤 대답을 해야 하는지 파악해야 한다.

또 면접관의 말에 적절히 반응하는 것도 잊지 말아야 한다. 면접관과 눈을 맞추고, 목소리에 주의를 기울이고, 수긍이 가면 고개를 끄덕인다든가 "네" 하고 말하며 반응을 보여라. 일단 말이 통해야 마음도 통할 수 있다. 그러나 자연스럽게 소통하는 태도가 자칫 예의 없는 모습으로 비춰지면 큰일이다. 혼동하지 말길 바란다. 어디까지나 면접관에 대한 예의와 존경심을 바탕으로 한 자연스러운 소통임을!

2. 단답형은 NO, 구체적으로 말하라

면접관 책 읽는 것을 좋아하나요?

지원자 네. 좋아합니다.

면접관 어떤 책을 주로 읽나요?

지원자 자기계발 서적을 주로 읽습니다.

면접관 최근에 읽은 책 중에 기억나는 건요?

지원자 《여자는 목소리로 90% 바뀐다》가 가장 기억에 납니다.

지원자 그 책에서 어떤 부분이 인상적이었나요?

지원자 저는 그동안 이미지 메이킹이 단순히 시각적 요소만 관리하는 것이라고 생각했는데, 청각적 요소와 화법도 이미지에 중요한 영향을 끼친다는 점이 인상적이었습니다.

면접관 어떤 점을 배우고 깨달았나요?

지원자 앞으로 회사 생활을 하게 되면 이미지 관리를 더욱 잘 해야겠다는 다짐을 했습니다.

면접은 대화이지만, 일상의 평범한 대화가 아닌 목적이 있는 대화다. 짧은 시간 목적을 달성해야 하는 특수한 대화. 제한된 시간 안에 당신은 자신의 장점을 어필해야 하고, 회사는 가장 적합한 인재를 찾아야 한다. 그런데 위 대화를 보자. 면접관은 원하는 답변을 듣기 위해 무려 다섯 번의 질문을 해야 했다. 면접관의 '책 읽는 것을 좋아하나요?'라는 질문 안에는 사실 위에서 나열한 질문 모두가 들어 있다는 것을 간파해야 한다.

모든 질문에 이렇게 단답형으로 대답한다면 준비 없이 면접에 임한 성의 없는 지원자로 보이기 딱 좋으며, 그 정도 평가도 다행이다. 기본적 소통 자체가 안 되는 사람으로 낙인찍힐 수도 있다. 우선 질문의 의도를 파악하고 그에 적합한 대답을 적어도 세 문장 이상으로 정리해야 한다.

자, 위 질문에 아래와 같이 면접관이 궁금해할 만한 것들을 덧붙여서 대답한다면 어떨까?

면접관 책 읽는 것을 좋아하나요?

지원자 네. 저는 책 읽는 것을 좋아합니다. 주로 자기계발 서적을 읽는데요. 최근에 읽은 책 중엔《여자는 목소리로 90% 바뀐다》가 가장 기억에 남습니다.

면접관 가장 인상적이었던 부분은요?

지원자 책에서 가장 인상적이었던 부분은 이미지 메이킹의 정의에 대한 내용이었습니다. 저는 그동안 이미지 메이킹을 단순히 시각적 요소만 관리하는 것으로 생각했는데, 청각적 요소와 화법도 이미지에 중요한 영향을 끼친다는 점이 인상적이었습니다. 앞으로 회사 생활을 하게 되면 이미지 관리를 더욱 잘 해야겠다는 생각을 했습니다.

처음에 다섯 번의 질문이 두 번으로 줄어들면서 면접관은 흡족한 답변을 얻었다. 면접관의 모든 질문에 이처럼 대답해야 한다. COP에 적합한 인재라는 것을 은근히 드러내면서!

3. 두괄식으로 간결하게 말하라

오해하지 말자. 구체적으로 답변하라고 했지만 면접관은 관심도 없는 시시콜콜한 이야기를 늘어놓는다거나 중요하지도 않은 내용을 장황하게 말하라는 얘기가 아니다. 한번은 면접을 보는데 질문 하나에 3분 이상 변죽을 울리는 얘기를 늘어놓는 지원자를 만난 적이 있다. 너무 지루했다. '저 사람과 일을 하면 보고받을 때 많이 답답하겠군'이라는 생각이 절로 들었다.

면접 당시에 지원자가 어떻게 커뮤니케이션을 하는지를 보면 그 지원자가 일할 때의 모습이 머릿속에 그려진다. 상사와 하는 커뮤니케이션은 대부분 보고로 이뤄지는데, 보고의 핵심은 논리적 간결성에 있다. 면접에 합격하는 것뿐만 아니라 나중에 조직에서 원활한 소통을 하기 위해 지금부터라도 두괄식으로 간결하게 말하는 습관을 가져보자.

이때 PREP 법칙에 따라 말하면 논리적 말하기가 쉬워진다. **PREP 법칙은 Point-Reason-Example-Point, 즉 결론-이유-사례-결론 순으로 말함으로써 결론(핵심)을 근거 및 사례와 함께 제시하는 방식이다.** PREP 법칙에 따라 말을 하면 자연스럽게 '왜냐하면', '예를 들어', '결론적으로'라는 표현을 쓰게 된다. 결론이 먼저 나오기 때문에 장황해질 염려가 없으며, 자신의 주장에 대해 이유와 예시를 들기 때문에 매우 구체적이고 설득력이 있다. 게다가 마지막에 다시 한 번 결론을 정리하기 때문에 명쾌하기까지 하다!

면접관 당신은 이 일에 잘 맞는다고 생각합니까?

지원자 (결론) 네. 저는 고객을 응대하는 서비스직에 매우 잘 맞는다고 생각합니다. (이유) 왜냐하면 저는 그동안 서비스와 관련된 다양한 경험을 해봤기 때문입니다. (사례) 예를 들면 호텔 레스토랑에서 서빙하는 일을 2년 동안 하면서 손님들이 진짜 필요로 하는 서비스가 무엇인지 알게 되었습니다. 또, 화장품 가게에서 6개월간 판매를 하면서 고객의 니즈를 재빠르게 파악하고, 고객이 원하는 제품을 찾아 부드럽게 권하는 방법도 익혔습니다. (결론) 결론적으로 저는 고객을 만나 응대하고, 서비스를 제공하는 일이 가장 재미있고 자신 있습니다.

PREP 법칙은 이렇게 어떤 주장이나 자기 생각을 이야기할 때 언제든 자유롭게 쓸 수 있는 구성법이다. 간단한 질문에 답변할 때는 PREP 법칙을 떠올리도록 하자. 그런데 자연스럽게 말을 하다 보면 내용에 따라 굳이 세 가지 표현이 모두 필요하지 않을 때도 있으니 문맥에 따라 적절히 사용하면 된다.

"네. 저는 그 일을 할 수 있습니다. 왜냐하면….".

"네. 저는 책임감이 강합니다. 예를 들면….".

간결하게 말하기 위한 핵심 팁을 하나 더 말하자면, 복잡한 문장이 아닌 단문으로 말해야 훨씬 잘 전달된다는 것이다. 복문으로 길게 말하면 장황하기만 할 뿐 핵심이 전혀 드러나지 않는다. 문장을 짧게 쪼개서 단문으로 만들고, 문장과 문장 사이에는 적절한 연결 어구를 넣어 간결하게 말하는 것이 좋다.

4. 나열은 NO, 2~3가지로 정리해 말하라

면접관 당신의 강점은 무엇입니까?

지원자 저는 책임감이 강하고 성실하며, 열정적입니다. 해외 어학연수도 다녀왔고 자격증도 10개나 취득했으며 토익 점수도 900점이 넘습니다. 대학 시절 동아리 회장을 맡아 하면서 리더십도 갖췄고, 커뮤니케이션 능력도 뛰어납니다. 무슨 일이든 맡겨만 주시면 꼼꼼하게,

주인의식을 갖고 최선을 다하겠습니다!

위와 같이 답변하는 사람을 보면 어떤 생각이 들 것 같은가? 언뜻 보면 '우와! 한 사람이 저렇게 많은 강점을 지녔다니, 대단한걸! 당장 뽑아야겠군'이라고 생각할 것 같지만 그렇지 않다. '잠깐만, 그래서 강점이 뭐라고? 책임감, 리더십…. 또 뭐라 그랬지? 에이, 설마 그 많은 장점을 다 가지고 있겠어?' 이렇듯 많은 것을 쭉 나열하면 기억이 나지 않을 뿐 아니라 의심마저 든다. 과감하게 줄여야 한다. 진짜 강점, **말하고 싶은 핵심을 2~3가지로 추려서 전달해보자.** 줄줄이 사탕처럼 나열만 한 것은 좋은 스피치가 아니다.

> **면접관** 당신의 강점은 무엇입니까?
>
> **지원자** 저의 강점 3가지를 말씀드리겠습니다. 저는 책임감이 강하고, 리더십이 있으며, 커뮤니케이션 역량이 뛰어납니다. 대학교 4학년 때 토론 동아리의 회장을 맡았습니다. … (SAP 법칙에 따라 강점 3가지를 보여줄 수 있는 구체적 사례 제시) 저는 이런 책임감과 리더십, 뛰어난 커뮤니케이션 역량을 바탕으로 영업직을 성공적으로 수행할 자신이 있습니다!

이렇게 핵심을 정리해 말하면 면접관에게 인상을 확실하게 각인시킬 수 있다. 논리적이고 똑똑해 보이는 이미지는 덤이다. 무엇에 대한 이유나 동기를 말해보라는 질문, 어떤 문제의 전략이나 방안을 제시하라는 질문 등에는 '…에 대해 3가지를 말씀드리겠습니다', '3가지로 정리해서 답변드리겠습니다'라고 말한 다음에 '첫째, 둘째, 셋째' 또는 '첫째로, 이어서, 마지막으로'라는 표현을 활용해서 말해보자.

5. ECN 법칙으로 설득력 있게 말하라

지원자 입장에서 면접은 '다른 사람이 아닌 저를 뽑아주세요'라고 면접관을 설득하는 과정이다. 어떤 설득 상황에서든 바로 활용할 수 있는 ECN 법칙을 기억하자. ECN 법칙은 사례를 들고(Example), 인용을 하고(Cite), 숫자를 제시하는(Number) 방법이라는 말로 앞 글자를 따서 이름 붙인 것이다.

먼저, 면접을 준비하는 과정에서 경험을 정리하는 이유는 바로 답변의 근거로서 자신의 사례를 생생하게 제시하기 위해서다. '저는 꼼꼼하게 일처리를 잘합니다'라고 주장만 한다면 면접관은 믿을 수가 없다. 답변을 할 때는 반드시 믿을 만한 근거(자신의 사례)를 덧붙여 말해야 한다.

"저는 꼼꼼하게 일처리를 잘합니다. (근거 사례) 6개월 동안 S 그룹에서 인턴으로 일하면서 고객 정보를 분류하고 새롭게 입력하는 업무를 맡았는데요. 입력 후에는 항상 더블체크를 해서 꼼꼼하고 완벽하게 일을 마무리했습니다."

그리고 답변과 관련 있는 속담, 명언, 전문가나 주변 사람들의 말 등을 인용하면 인상적인 말하기가 된다. 예를 들면 위의 답변에 다음과 같이 인용을 추가할 수 있다.

"저는 꼼꼼하게 일처리를 잘합니다. (근거 사례) 6개월 동안 S 그룹에서 인턴으로 일하면서 고객 정보를 분류하고 새롭게 입력하는 업무를 맡았는데요. 입력 후에는 항상 더블체크를 해서 꼼꼼하고 완벽하게 일을 마무리했습니다. (인용) 제가 가슴에 새기고 있는 말 중에 'Excellence is a thousand details'라는 말이 있습니다. 아주 사소한 일들이 모여서 탁월함을 만들어낸다고 생각합니다. 이렇듯 작은 일에도 정성을 다하는 자세로 업무에 임하겠습니다."

또한 주변 사람들이 나를 평가한 말을 덧붙이는 것도 은연중에 자신을 드러낼 수 있는 방법이다.

(인용) "직속 상사분이 제가 일한 것을 보시고 지금까지 이 업무를 이렇게 오류 하나 없이 해낸 인턴사원은 처음이라면서 칭찬을 아끼지 않으셨습니다."

한편 사람들은 일반적으로 객관화된 숫자를 신뢰하는 경향이 있기 때문에 답변에 숫자를 언급하면 훨씬 사실적이고 설득력이 있다. "대학 시절, 친구가 운영하는 온라인 쇼핑몰에서 마케팅을 한 적이 있는데요. 열심히 한 결과 매출이 많이 늘었습니다." 이렇게 두루뭉술하게 말하는 것이 아니라 구체적으로 숫자를 넣어 말하면 훨씬 신뢰가 가는 답변이 된다. "대학교 4학년 때 친구가 운영하는 여성의류 온라인 쇼핑몰에서 6개월간 마케팅을 담당한 적이 있는데요. SNS와 블로그 마케팅에 집중한 결과 불과 3개월 만에 매출이 500퍼센트 상승하는 성과를 기록했습니다."

ECN 법칙은 답변에 설득력을 높여 당신을 합격으로 인도할 멋진 기법이다. 모든 답변에 ECN 법칙 중 한 가지라도 넣어 말하는 훈련을 해보자.

6. 외우지 말고 자연스럽게 말하라

면접 준비를 할 때 답변을 글로 써보는 것은 생각을 정리하고 기억하기 위함이다. 그런데 문제는 이렇게 쓴 답변을 토씨 하나 틀리지 않고 달달달 외운

다는 데 있다. 보통 글을 쓸 때는 전문 작가가 아닌 이상 자기도 모르게 문어체로 쓰게 된다. 문어체의 글을 그대로 말로 옮기면 당연히 어색하게 들릴 수밖에 없다. 외운 것을 읊으니 자신의 경험인데도 마치 남의 이야기를 하는 것처럼 들린다. 이를테면 다음과 같이 쓰고, 그대로 면접관 앞에서 외우는 식이다.

> "저의 장점은 리더십이 있다는 점입니다. 통계학 모임에서는 간사를 맡았으며 서클에서도 부회장을 하였습니다. 예전에 통계학 모임에서 전원이 참가하여 대규모 가두조사를 하였는데, 저는 간사였기 때문에 앞에 나서서 움직였습니다. 다른 구성원들이 힘써주어 좋은 성과를 거둘 수 있었습니다."

소리 내어 읽어보면 알겠지만 '~으며', '~하여' 같은 표현은 평소 말할 때는 쓰지 않는 문어체로 상당히 딱딱하게 들린다. 무조건 '~다'로 끝나는 군대식 어투 역시 어색하게 들린다. 그보다는 '~요'가 적당히 섞이는 어투가 자연스럽다. 뉴스 앵커 멘트를 들어보자. '~요'를 적절히 섞어 자연스럽게 말을 이어나가는 것을 알 수 있다. 다만 '~요'를 쓸 때 어미를 길게 늘이거나 높이면 어린아이 같은 느낌이 드니 주의해야 한다.

또 외워서 말하면 외운 걸 기억해내느라 눈동자가 위로 올라가거나 멍한 표정을 짓게 된다. 그러다 실수로 조사 하나라도 바꿔 말하면 문장 전체가 꼬이면서 다음 문장이 생각나지 않는 당황스러운 상황이 발생할 수 있다.

예상 질문에 답변을 구상해 써보되 문장 전체를 통으로 외우지는 말자. 나도 방송을 하면서 많이 암기해봤는데, 중간에 말이 한번 꼬이면 전체를 망쳐버린다. **일단 글로 쓴 답변을 여러 번 소리 내어 읽으면서 내용의 흐름을 익힌다. 그리고 나서 머릿속에는 핵심 키워드만 암기해두고 거기에 살을 붙여서 자연스럽게 말하는 연습을 하는 것이다.** 그래야 긴장도 덜 되고, 어떤 질문에든 준비한 내용 중에서 적합한 스토리를 자유자재로 끄집어낼 수 있다.

위 답변에 적용해보면 핵심 키워드인 '리더십, 책임감, 통계학 모임, 간사, 서클, 부회장, 가두조사, 선두, 성과' 등의 단어에 동그라미를 친 후 키워드만 기억하면서 말을 이어나가는 것이다.

완벽하게 답변을 연습하는 순서

① 글로 쓰면서 답변 내용을 정리한다.

② 여러 번 소리 내어 읽으면서 내용의 흐름을 익힌다.

③ 핵심 단어에 동그라미를 치고 핵심 키워드만 다시 숙지한다.

④ 키워드만 보면서 살을 붙여 말하는 연습을 한다.

⑤ 아무것도 보지 않고 질문에 답하는 연습을 한다.

---

7. 진정성을 담은 목소리와 표정으로 말하라

관계를 결정짓는 커뮤니케이션에서 가장 중요한 것이 무엇이냐고 묻는다면 난 주저 없이 '진정성'을 꼽을 것이다. 마음에서 우러나오는 진실한 말을 하는 사람과 거짓으로 겹겹이 포장된 말을 하는 사람, 당신이 면접관이라면 누구와 일하고 싶은가? 꿀이 뚝뚝 떨어지는 달콤한 말만 일삼는 연인과 말은 비록 투박해도 행동으로 묵묵히 사랑을 보여주는 사람, 어떤 연인을 만나고 싶은가? 누구나 참되고 진실한 사람을 만나고 싶어 한다. 마음과 말, 행동이 하나인 사람과 일하고 싶어 한다. **말의 내용과 목소리, 표정이 하나로 일치되어 나타날 때, 상대는 비로소 진정성을 느낀다.**

우선 당신의 마음속에서 우러나오는 말만을 하겠다고 다짐하라. 그리고 그 마음을 다해 온몸으로 표현하라. 그러면 자연스럽게 얼굴 표정과 목소리로 당신이란 사람이 드러난다.

진심은 통하기 마련이다. 단, 전달 스킬이 부족하면 그 진심이 통하는 길을 막을 수 있으니 이렇게 말하는 연습을 하는 것이다. 하지만 기본은 언제나 '진정성'이라는 점을 기억하자. 당신 자신이 되는 것, 그것이 당신의 삶에서 가장 중요한 일이다.

YouTube 저자 강의
면접, 이것이 궁금하다!

① 말을 잘 못하는 사람이 면접에서 말을 유창하게 할 수 있는 좋은 방법이 있나요?

② 지원 동기를 말할 때, 특별히 그 회사를 선택한 이유를 찾지 못하면 어떻게 해야 하나요?

③ 하고 싶은 말이 남았는데, 다음 질문으로 넘어가 버리면 어떻게 하나요?

④ 면접관에게 뚜렷한 인상을 주고 싶은데, 어떻게 말하면 좋을까요?

면접에 자주 출제되는 질문 7

다음은 자주 출제되는 면접 문항과 답변 요령을 정리한 것이다. 면접 스피치 핵심 Tip 7과 COP를 생각하면서 나만의 답변을 작성해보자.

1. 자신의 전공을 소개해보세요

단순히 전공 내용을 나열하기보다는 지원 분야에 도움이 되는 전공 내용이나 과목 중심으로 소개하는 것이 좋다. 특히 석사 이상일 경우 자신의 전공이 지원 직무에 어떻게 활용될 수 있는지, 어떤 성과를 낼 수 있을지 미리 계획을 세워 일목요연하게 답변해야 한다.

2. 가족 소개를 해보세요

지원자의 가정환경, 성장 배경을 통해 기본적인 성품을 알아보고자 묻는 질문이다. 가족 구성원을 간단히 소개하고 가정의 분위기, 부모님과의 관계, 부모님의 가르침에 대해 말한다. 그리고 이런 것들이 자신의 성장과 인격 형성에 어떤 긍정적 영향을 미쳤는지 언급하는 것이 좋다.

3. 주량은 어느 정도인가요?

지원자의 대인 관계, 조직 적응력 등을 알아보기 위해 묻는 질문이다. 직장인들은 퇴근 후 부서 회식이나 동료 모임 등 공식/비공식 술자리를 하는 경우가 많다. 이때 인간적인 대화도 나누고 불만과 스트레스를 풀며 조직이 단합하는 계기가 되기도 한다. 따라서 술을 적당히 마신다거나, 못 마시더라도 분위기를 즐긴다는 답변 정도가 무난하다.

4. 영어로 자기소개를 해보세요

기업은 토익 점수보다 실제 언어 구사 능력을 더 중요하게 본다. 영어 자기소개는 일부러 어려운 단어로 길게 답변하기보다는 자신 있게 구사할 수 있는 단어를 사용해서 30초 정도의 분량으로 준비하자. 토익 고득점자인 경우 자기소개 외에 지원 동기, 해외 경험을 설명해보라고 할 수 있으므로 사전에 대비하는 것이 좋다.

5. 일이 힘든데(야근이 많은데) 할 수 있나요?

힘든 업무를 이겨낼 자세가 되어 있는지 확인하기 위한 질문이다. 단순히 '잘할 수 있습니다. 열심히 하겠습니다!'라는 답변보다는 면접관의 마음에 닿을 수 있도록 구체적 사례를 들어 말하는 것이 좋다. 일이나 과제를 수행하면서 힘들었던 경험(아르바이트, 프로젝트 경험, 동아리 활동 등)을 예로 들면서 입사 후 힘든 일이 생긴다면 기꺼이 해낼 수 있음을 밝히는 것이 좋다.

6. 주변에서 당신을 어떻게 평가하나요?

　제3자의 말을 들어봄으로써 지원자의 인간성, 대인 관계, 성격, 사회적 평판 등을 탐색하기 위한 질문이다. 가능하면 긍정적인 말을 선택해 답변하되, 지원한 회사 및 직무와 관련된 강점을 은근히 부각시킬 수 있는 말이면 더욱 좋다.

7. 생활신조, 좌우명은 무엇인가요?

아주 추상적인 질문이다. 그러나 면접에서는 지원 분야와 연결된 구체적 답변을 하는 것이 좋다. 면접에서 나오는 대부분의 질문은 앞서도 계속 강조했듯이 COP를 갖춘 인재인지를 알아보고자 하는 것이다. 따라서 생활신조, 좌우명도 회사 생활이나 지원한 직무에 도움이 되는 것을 언급하고, 왜 그런 생활신조나 좌우명을 갖게 되었는지 설명하자.

과제를 하나씩 완성할 때마다 합격 도장을 찍으세요.

작성 및 숙지	자연스럽게 말하기 연습 (최소 3회 이상)			합격
전공을 소개해보세요	1	2	3	합격
가족 소개를 해보세요	1	2	3	
주량은 어느 정도인가요?	1	2	3	
영어로 자기소개를 해보세요	1	2	3	
일이 힘든데 할 수 있나요?	1	2	3	
주변에서 당신을 어떻게 평가하나요?	1	2	3	
생활신조, 좌우명은 무엇인가요?	1	2	3	

오늘의 성찰	

ACTIVITY 2

—

면접관의 눈을 사로잡는
호감 이미지 만들기

첫 느낌을 결정하는 외적 이미지

누구나 소개팅 경험이 한두 번씩은 있을 것이다. 이때 약속 장소에 나타난 상대를 처음 보는 순간 당신도 1, 2, 3초 안에 느낌이 오지 않았는가! 면접관도 마찬가지다. 당신이 문을 열고 들어오는 순간 전체 모습을 스캔한다. 용모, 복장, 헤어스타일, 자세, 표정 등이 회사 이미지와 맞는지, 결격사유가 없는지 등을 재빠르게 본다. 당연히 초반에 좋은 느낌을 줘야 분위기가 우호적으로 흘러간다. 만일 아주 사소한 실수로 첫인상을 망쳐버리면 면접관의 머릿속에는 그때의 부정적 이미지만이 남는다.

그렇다면 어떻게 호감 이미지를 만들 수 있을까? 면접을 앞두고 가장 신경

쓰이는 부분은 아마도 의상 선택일 것이다. 번쩍거리고 화려한 패션으로 면접관의 주목을 끌 생각은 하지 말자. **면접 복장의 기준은 무조건 단정하고 깔끔해야 한다.** 단정하되 촌스럽지 않아야 하고 깔끔하게 손질된 계절에 맞는 옷을 착용하자. 면접관은 복장을 보고 지원자의 취향이나 성격, 입사 후의 모습을 추측한다. 너무 튀는 복장이나 단정하지 못한 모습으로 점수를 깎아 먹는 건 어리석은 짓이다.

내가 본 지원자들 중에 복장 때문에 바로 탈락된 예를 꼽으면 초미니스커트, 속옷이 훤히 비치는 블라우스를 입었거나 화려한 반지, 목걸이 등 튀는 액세서리를 한 경우였다. 친구를 만나러 나온 듯 너무 편안한 복장으로 왔거나 손질하지 않은 구겨진 옷을 입고 온 경우도 있었다. 이런 복장은 단번에 지원 회사에 대한 예의가 없다고 여겨진다. 당신이 좋아하는 패션은 친구나 애인을 만날 때 얼마든지 입을 수 있다. 자신이 지원 회사의 이미지를 대표한다 생각하고 의상을 골라보자. 면접뿐 아니라 입사 후에도 당신의 외적인 모습은 단순한 이미지가 아니라 역량 판단의 중요한 근거가 된다.

다음을 참고해 자신의 이미지를 체크해보자. 패션, 광고회사처럼 지원자의 감각을 중시하는 업종이 아닌 이상 면접 복장은 보수적인 것이 좋다.

면접의 기본적인 용모 및 복장

헤어스타일 | 이마가 드러나는 깔끔한 느낌의 짧은 헤어스타일을 권한다. 왁스를 이용해서 단정하게 마무리한다.

얼굴 | 면도를 하고 깨끗한 피부 상태를 유지한다.

셔츠 | 흰색이나 하늘색 계열이 무난하다.

넥타이 | 푸른색, 분홍색, 자주색 등의 단색 혹은 줄무늬를 추천한다.

정장 | 감색(짙은 남색)이나 짙은 회색 정장이 좋다. 계절에 맞는 옷을 입고, 옷이 크거나 타이트하지 않도록 주의한다.

향수 | 너무 진하지 않은 은은한 향수를 사용한다. 담배나 땀 냄새가 나지 않도록 유의한다.

손톱 | 청결하고 짧게 유지한다.

바지 | 길이는 신발 굽에 가볍게 닿는 정도가 좋다.

양말 | 정장 색상과 동일하거나 어두운 색상을 신는다. 목이 긴 것을 신어서 앉았을 때 속살이 보이지 않도록 주의한다.

구두 | 검은색이 무난하며 깨끗하게 닦은 구두를 신는다.

면접 시 남성의 복장 기준

헤어스타일 | 긴 머리의 경우 하나로 묶어 깔끔한 느낌을 준다. 단발이나 커트머리는 단정하게 드라이하고, 밝은 염색이나 강한 웨이브는 하지 않는다.

액세서리 | 시선을 끌지 않는 작은 귀고리와 시계 정도만 착용한다.

향수 | 너무 진하지 않은 은은한 향이 좋다.

손톱 | 청결하고 짧게 유지한다. 매니큐어는 투명이나 연한 색이 좋다.

메이크업 | 깨끗한 피부를 연출하고 튀지 않는 자연스러운 메이크업이 좋다. 과하거나 진한 메이크업이 되지 않도록 주의한다.

정장 | 단정한 스커트(H라인)의 투피스 정장이나 바지 정장을 권한다. 색상은 무채색 계열이나 베이지 등 차분한 색이 좋다. 치마는 무릎 정도의 길이를 입고 웃옷은 흰색 블라우스가 무난하다.

스타킹 | 커피색이나 살색을 착용한다.

구두 | 심플한 디자인으로 굽은 4~7센티미터 정도가 적당하다. 통굽이나 뾰족한 굽은 피한다.

면접 시 여성의 복장 기준

ACTIVITY 2

면접장에 당당하게 입장한다

첫인상은 면접장에 들어가는 순간부터 만들어진다. 대개는 자신 없는 태도로 조심스럽게 인사를 하는데, 문을 열기 직전 심호흡을 크게 하고 입꼬리를 당겨 미소를 만든 후 당당하게 입장해보자.

❶ 문을 열어주고 안내를 해주는 사람이 따로 없을 경우 본인이 직접 노크를 두 번 한다.

❷ 안에서 "들어오세요"라는 소리가 들리면 그때 문을 열고 면접장에 들어선다.

❸

완전히 입장을 한 후
몸을 문 쪽으로 돌려
문을 살며시 닫는다.

❹

면접관 방향으로 몸을 돌려 면접관을 바라보면서
가볍게 목례 정도만 한 후 의자 쪽으로 걸어간다.
계속 미소를 유지하는 것이 중요하다.

❺

의자 옆에 서서 "안녕하십니까? ○○○입니다"라고
말한 뒤 45도로 허리를 숙여 인사한다.

❻

면접관이 "자리에 앉으세요"라고 하면 "감사합니다"
라고 말하면서 바르게 앉는다.

※**주의!** 여성의 경우 스커트를 입은 상태에서 앉을 때, 스커트를 끌어내리느라 부산한 모습을 종종 보인다. 오른손으로 스커트 앞을, 왼손으로 스커트 뒤를 동시에 쓸어내리면서 앉아보자. 훨씬 단정하고 깔끔한 첫인상이 완성된다!

바른 자세로 앉고 제스처는 최소화하자

앉을 때 등을 등받이에 기대지 말고 허리를 꼿꼿하게 세운 상태에서 의자 깊숙이 앉는다. 가슴과 어깨는 펴는 것이 중요하다. 가슴과 어깨를 활짝 펼수록 자신도 모르는 자신감이 솟구치게 되어 있다.

OK   NG

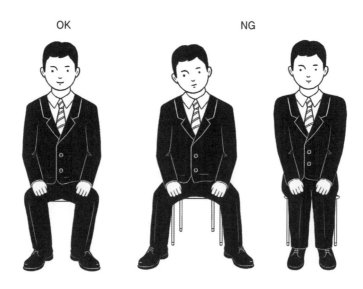

다리와 발 | 다리는 편안하게 벌려 11자로 둔다. 과도하게 벌리지 않도록 한다. 옆에서 봤을 때 무릎과 발목의 각도는 90도를 유지한다(의자 안쪽으로 다리를 넣거나 꼬지 않도록 주의한다). 아무리 긴장돼도 다리는 떨지 않도록 주의한다.

손 | 양손은 가볍게 주먹 쥔 상태에서 허벅지 중앙에 얹는다.

남성의 자세

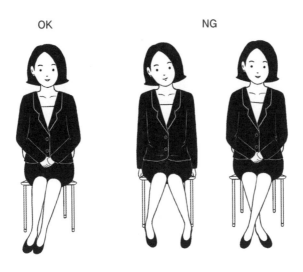

OK   NG

다리와 발 │ 무릎을 붙이고 양발을 가지런히 모아 살짝 비스듬히 둔다. 무의식적으로 양발을 꼬거나 벌리는 자세가 나오지 않도록 주의한다.

손 │ 두 손은 가볍게 모아 잡고 자연스럽게 허벅지에 둔다.

여성의 자세

퍼블릭 스피치, 프레젠테이션 등을 할 때는 내용에 부합하는 크고 절도 있는 제스처를 사용하면 훨씬 열정적이고 역동적인 느낌을 전할 수 있다. 하지만 면접에서는 제스처를 자주 하면 산만해 보이므로 주의해야 한다. 말을 하면서 자연스럽게 나오는 작은 손동작 정도는 괜찮지만 동작이 과하면 좋지 않다.

무의식적으로 나오는 동작, 예를 들어 답변이 생각나지 않아 머리를 긁적거린다든지, 코를 만진다든지, 혀를 쑥 내민다든지, (특히 여성의 경우) 머리카락을 자꾸 넘긴다든지 같은 불필요한 동작으로 면접관의 시선을 분산시키기지 말자. 면접 때는 몸동작을 최소화했을 때가 훨씬 믿음직스러워 보인다. 본인도 의식하지 못하는 동작이 있을 수 있으니, 면접 연습을 할 때는 꼭 동영상으로 찍어서 눈으로 확인해보자.

끝까지 예의 바른 태도를 유지하라

면접관이 "네, 수고하셨습니다"라고 말하자마자 태도가 확 바뀌는 지원자들이 있다. 면접을 잘 못 봤다고 생각해서 그러는 경우도 있겠지만, 처음에 들어올 때와는 달리 인사도 제대로 안 하고 나가는 지원자의 뒷모습은 누가 봐도 아름답지 않다. 면접의 결과는 마지막에 어떻게 뒤바뀔지 아무도 모른다. 아름다운 뒷모습을 남기자.

① 면접이 끝나면 일어나 의자 옆에 선다.
② "감사합니다"라고 말하면서 45도로 인사를 한다.
③ 몸을 돌려 문 쪽을 보면서 걸어간다.

④ 문 앞에서 면접관 쪽으로 몸을 돌려 가볍게 목례를 한다.

⑤ 문을 열고 퇴장한 후 조용히 두 손으로 문을 닫는다.

표정과 눈빛에 진심을 담아라

겉으로 보이는 이미지는 타고난 얼굴 생김새, 헤어스타일, 복장, 자세, 태도 모두 다 중요하지만 이보다 훨씬 중요한 것이 바로 '표정과 눈빛'이다. 처음 누군가를 만나면 당연히 우리는 얼굴을 제일 먼저 보게 된다. 그런데 얼굴을 본다는 것은 단순히 예쁘고 잘생긴 사람을 선호한다는 것이 아니라 '인상'을 본다는 의미다. 얼굴의 수많은 근육을 움직여 만든 '표정'이 곧 인상을 만든다. 밝고 긍정적인 사람과 함께 일하는 것은 정말 큰 기쁨이다. 바로 그런 이미지를 만드는 데 표정은 절대적인 역할을 한다.

면접을 보다 보면 너무 긴장한 나머지 처음부터 끝까지 굳은 표정으로 일관하거나, 면접관을 너무 의식한 나머지 애써 억지웃음을 짓고 있는 경우가 있는데, 무척 안타깝다. 면접장에 가기 전에 반드시 얼굴 근육을 풀어주고, 면접 연습을 할 때 입꼬리를 살짝 올리고 부드러운 미소를 지으며 말하는 훈련을 해야 한다. 그리고 답변의 내용에 따라 당연히 표정은 자연스럽게 변화해야 한다. 우리가 일상생활 속에서 누군가와 대화를 나눌 때처럼 물 흐르듯 자연스러운 소통이 면접장에서 이뤄져야 한다. 거울을 보면서 다음 순서대로 얼굴 스트레칭과 미소 훈련을 해보자.

얼굴 스트레칭

❶ 손바닥 아랫부분을 이용해 볼 전체를 둥글게 원을 그리듯 마사지한다.

❷ 두 뺨을 풍선처럼 빵빵하게 부풀린 채로 5초간 그대로 멈춘다.

❸ 두 입술의 힘을 빼고 공기를 가볍게 내보내며 '푸르르르' 하고 입술을 떤다.

❹ '오'와 '아'의 입 모양을 크고 확실하게 하면서 혀로 '똑딱똑딱' 소리를 여러 번 낸다.

❺ 입술을 오므리고 앞으로 쭉 내민 상태에서 시계 방향과 그 반대 방향으로 마구 돌린다.

❻ 혀를 길게 내밀었다 접었다를 반복한 뒤 혀로 입안 구석구석을 마구 핥아준다.

❼ '아' 소리를 내면서 입을 크게 벌린 상태를 유지한다.

❽ '에' 소리를 내면서 입꼬리의 양 끝을 최대한 올린 상태를 유지한다.

❾ 입꼬리를 양옆으로 당기며 '이' 소리를 낸다.

❿ 입술을 가운데로 모아 '오' 소리를 낸다.

⓫ '우' 소리를 내며 입술을 모아 앞으로 쭉 내민다.

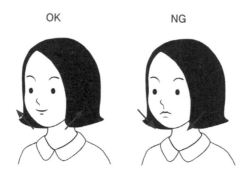

OK　　　　NG

미소 유지하기

　양 입꼬리에 힘을 줘 위쪽으로 당긴 후, 이 상태에서 '쿠키～ 위스키～ 개나리～ 미나리～'를 발음해본다. 입뿐만 아니라 눈도 함께 웃으며 진심이 담긴 미소를 지어보자. 이어서 입을 다문 상태에서 입꼬리를 올렸다가 내렸다가 하는 동작을 반복해본다. 입을 다부지게 다문 상태에서도 살짝 입꼬리가 올라간 표정이 호감과 동시에 신뢰감을 전한다.

　면접관이 여러 명 앉아 있는 긴장되는 상황에서 고르게 눈 맞춤을 하는 것은 절대 쉬운 일이 아니다. 그러다 보니 눈을 잘 못 맞추고 눈동자를 사방으로 굴리는 경우가 많은데, 눈 맞춤을 잘 못하면 불안정해 보이고 거짓말하는 듯한 인상을 준다. 반대로 너무 눈을 깜빡이지 않고 면접관을 뚫어져라 보면 면접관이 부담스럽고 불쾌할 수 있으니 주의해야 한다.

　평가받는 자리라는 지나친 부담감을 떨쳐내길 바란다. 사회생활을 하며 인생 선배님을 만나는 감사한 자리라고 생각하자. **생기 있고 따뜻한 눈빛, 열정을 다하겠다는 다부진 눈빛과 표정의 지원자를 만나길 면접관은 기다리고 있다.**

　시선은 한 번 마주치면 2~3초 정도 머무르는 것이 안정감 있어 보인다. 앞에 여러 명의 면접관이 있다면 바로 직전에 질문한 면접관에게 시선의 60퍼센트를 두고, 나머지 면접관에게 시선의 40퍼센트 정도를 골고루 둔다고 생각하자. 가끔 미간이나 코끝을 바라보라는 조언도 있는데, 정말로 그렇게 바라보면 더 어색하다. 정면으로 시선을 맞추고 상대의 눈을 보자. 당신의 맑게 빛나는 눈을 통해 열정의 에너지를 전달한다는 느낌으로!

DAY 6
역량면접 집중 공략

JOB INTERVIEW

**"사람은 누구나 자기가 할 수 있다고 생각하는 것
이상의 일을 할 수 있다."**

– 헨리 포드 –

사고하는 법을 알아야 답할 수 있는 질문

"1020 여성을 위한 화장품 콘셉트를 기획해보세요."

"우리 회사 신제품의 마케팅 방안을 제시해보세요."

"공유경제 서비스의 문제점과 해결 방안을 제시해보세요."

회사에서 일을 하다 보면 알겠지만 항상 아이디어를 내고, 의사결정을 하고, 문제를 해결해야 한다. 이런 면접 질문은 어느 날 면접을 위해 하늘에서

뚝 떨어진 게 아니라 회사에서 늘 맞닥뜨리고 고민하는 문제다. 사실 자기 자신에 관한 질문에는 더듬더듬 말이라도 할 수 있지만, 위와 같은 기획형, 아이디어 도출형, 문제 해결형의 문제는 논리적 사고 훈련을 하지 않으면 입을 떼기조차 어렵다. 관련 자료를 면밀히 검토해보지도 않은 상태에서 즉시 답변하기 어려운 문제인 것도 사실이다. 그래서 이 질문에서 지원자들의 실력 차이가 확실히 드러난다.

그런데 사실 면접관은 어떤 정답을 요구하는 것이 아니라 사고하는 능력을 보려는 것이다. 생각을 한다는 것은 바로 눈앞의 한 측면만을 보는 것이 아니다. 3차원 사고를 할 줄 안다는 것을 의미한다. 즉, 사안을 다양한 관점으로 폭넓게(Y축), 본질까지 깊이 파고들면서(Z축), 멀리 미래까지(X축) 볼 수 있어야 한다. 이것이 사고의 3원칙이다.

> **사고의 3원칙**
>
> **1. 다양한 관점에서 생각할 것**
>
> **2. 본질을 파악할 것**
>
> **3. 멀리 볼 것**

사고의 3원칙을 바탕으로 X, Y, Z 각 축을 구조적으로 생각하고 말하는 훈련이 필요하다. 예를 들어 위의 세 번째 질문에 "네, 공유경제 서비스에 예상되는 문제점 2가지와 근본 원인 3가지, 그리고 해결 방안에 대해 말씀드리겠습니다"라고 말할 수 있다. 물론 이렇게 즉각 답변하려면 오랜 경험과 지식이 쌓여야 가능하다는 것을 면접관도 알고 있으니 너무 걱정하지 말자. 꼭 경험과 지식이 뒷받침되지 않아도 다음에서 설명하는 사고하는 방법들(MECE, 로직트리)만 알면 즉시 구조적으로 생각하고 답변할 수 있다.

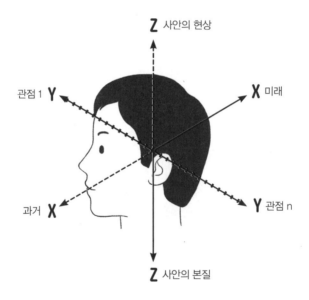

MECE로 분류하고 해체하라

MECE란 'Mutually Exclusive Collectively Exhaustive(상호 배타적이고 전체 포괄적인)'의 약자다. 상호 배타적이라는 것은 하위 요소들 간에 중복되는 것이 없음을 뜻하며, 전체 포괄적이라는 것은 하위 요소들을 모두 합하면 상위 요소 전체가 된다는 의미다. 쉽게 말해 '겹치지 않으면서 빠짐없이 나눈 것'이다.

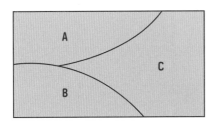

MECE인 경우

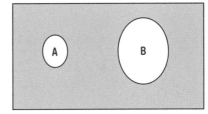

MECE가 아닌 경우

MECE 사고를 하면 문제의 핵심을 놓치거나 생각의 중복으로 인한 문제 발생을 방지할 수 있어 상황을 보다 정밀하게 파악할 수 있다. 예를 들어 '지구'를 MECE 사고법을 적용해 나눠보자.

① 지구는 육지, 바다, 강, 산으로 크게 나눌 수 있다.

② 항목끼리 겹치는 부분이 있는지 살펴보니, 강과 산은 육지에 포함된다.

③ 따라서 지구는 육지와 바다로 크게 나누는 것이 맞다.

④ 부분 요소(육지와 바다)를 합치면 전체(지구)가 되는지 확인해본다.

제조회사에서 '품질은 높고 가격은 낮은 제품을 만들기 위한 방안'에 MECE 사고법을 적용하면 우선 분류를 위한 기준을 세운 후, 다음과 같은 아이디어를 생각해낼 수 있다.

① 제품에 필요한 '기능'을 기준으로 나누어 검토해본다. 예를 들어 제품에 필요한 기능과 없어야 할 기능으로 나눠 빠짐없이 검토해본다.

② 공정(원자재-제조-가공-수송-판매-사용-폐기)에서 '시간'을 기준으로 빠짐없이 검토해본다.

③ 제품의 고장을 없애고 생산성을 늘리기 위해 고장이 발생한 원인을 '공간'을 기준으로 빠짐없이 검토해본다.

짧은 시간 동안 완벽한 MECE 사고를 하기는 어렵지만 최대한 MECE를 생각하면서 문제를 분해해야 추후 들어오는 면접관의 질문 공세와 지적을 피할 수 있다. 문제에 대한 충분한 자료 없이 즉시 답변해야 하는 경우, 당신의 지식과 상식, 경험, 합리적인 가정을 모두 동원해 면접관이 납득하도록 만들어야 한다.

로직트리로 생각을 확장하라

로직트리(logic tree)는 생각을 나뭇가지처럼 확장해나가면서 구조화(문제를 구성하고 있는 요소들 간의 관계를 정리해 전체적인 모습이 보이도록 하는 것)하는 방법이다.

회사에서 접하게 되는 대부분의 문제들은 다양한 과제들이 얽혀 있는 경우가 많아 로직트리를 통해 가능한 한 작은 단위의 과제로 분류하고 쪼개면서 생각을 확장하는 것이 필요하다. 그리고 이렇게 나눈 하위 요소들은 MECE에 따라 분류한다.

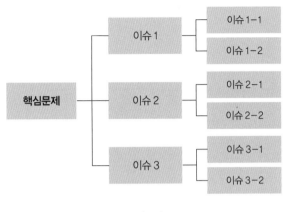

로직트리

　이렇게 로직트리를 활용하면 복잡한 것을 체계적이고 간결한 구조로 정리해 전달할 수 있다. 논리적, 분석적 사고를 요하는 문제들에 로직트리를 활용하면 한마디로 '똑똑해' 보인다. 구조적으로 사고할 줄 안다는 얘기다. 하위 개념으로의 분해는 2~4개 정도가 적당하다.

　예를 들어 면접에서 '신규 매장의 고객 매출을 증대시키는 방안은?'이라는 문제가 나왔다고 해보자. 대부분의 지원자들은 즉각적으로 떠오르는 답변을 일단 내뱉는다. 그러나 문제를 풀어나가는 사고 과정을 거치지 않고 주관적인 결론을 무작정 말해버리면, 논리적이지 못하고 근거가 빈약할 수밖에 없다.

　위의 문제를 로직트리로 차근차근 접근해보자. 우선 총매출은 '고객 수× 고객 1인당 평균 지출액'이라고 생각해볼 수 있다. 그렇다면 고객 수를 늘리는 방안과 고객 1인당 평균 지출액을 늘리는 방안 두 가지가 가능하다. 이 각각의 방안을 구체적인 아이디어로 세분화해서 생각하면 정답이다. 물론 아이디어는 진부하지 않고 독창적일수록 빛을 발한다.

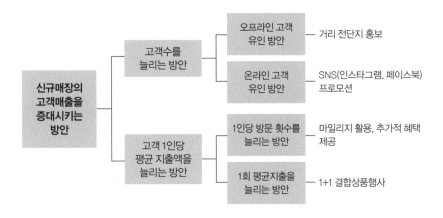

로직트리 : 신규 매장의 고객 매출을 증대시키는 방안

즉, MECE 사고법을 적용해 항목을 분류하고 로직트리를 만들어나가면서 사고를 확장, 문제를 해결해나가는 것이 핵심이다. 프레젠테이션 면접의 주제는 대부분 문제 해결, 아이디어 도출, 기획형의 문제이므로 MECE 사고법과 로직트리를 잘 익혀두면 도식을 직접 그리면서(판서) 발표할 때 매우 유용하다.

[**연습 1**] 1020 여성을 위한 화장품 콘셉트를 기획해보세요.

(콘셉트 기획을 하기 위해 가장 먼저 해야 할 일은 고객 니즈를 분석하는 일이다. 니즈를 가치,

가격, 구매 형태 등 하위 요소로 나눠 검토한 후 도출된 결과를 가지고 왜 그 콘셉트인지 설명

할 수 있어야 한다.)

[**연습 2**] 우리나라 저출산 문제의 원인은 무엇이며, 어떻게 해결할 수 있을까요?

(사회적 현상의 원인은 크게 '사회적 원인, 문화적 원인, 경제적 원인' 정도로 분류할 수 있다.

각 항목별로 잠정적 원인을 분석해보고, 대안 제시가 어렵거나 중요한 원인이 아닌 것들은 배제

한 후 핵심 원인에 대한 해결 방안을 도출해보자.)

다양한 상황의 면접 답변 스킬

　면접을 보다 보면 답변이 바로 떠오르지 않거나 질문을 잘못 알아들었을 때 매우 당황하기 쉽다. 이럴 때 평소 어투가 그대로 튀어나와 "네? 뭐라고요?"라고 말한다면, 사회인으로서 준비가 덜 되어 있음을 보여주는 것이다. 시간을 조금이라도 벌면서 세련되게 대처하는 표현법을 익혀보자.

질문을 받았을 때	**"네, 말씀드리겠습니다."** 질문을 받자마자 너무 빠르게 대답하는 것은 신중하지 못한 느낌을 주므로, 호흡을 잠시 가다듬은 후 대답하도록 하자. 질문에 자신 있다고 너무 큰 소리로 빨리, 많이 대답하지 말고 요점만 간추려서 간결하게 말한다.
모르는 질문을 받았을 때	**"면접관님, 죄송하지만 그 부분은 잘 모르겠습니다. 앞으로 더 공부(노력)하겠습니다."** 질문을 받고 한숨을 쉬거나 머리를 떨어뜨리지 않도록 유의한다. 천장이나 바닥을 보는 것도 금물이다.
답변이 바로 떠오르지 않을 때	**"면접관님, 죄송하지만 잠깐 생각할 시간을 주시겠습니까?"** 이렇게 말하고 빠르게 생각을 정리해서 말한다. **"감사합니다. 말씀드리겠습니다."**

잘 못 들었을 때	"면접관님, 죄송하지만 다시 한 번만 말씀해주시겠습니까?"
추상적인 질문을 받았을 때	"면접관님, 지금 질문하신 내용이 ○○에 대해 말씀하신 것이 맞는지요?" 질문에 대한 의도를 정확히 파악하기 위해 물어본다.
공통 질문을 받았을 때	"앞 지원자분께서 좋은 말씀을 해주셨는데요, 저 역시 동의합니다." 앞서 답한 지원자를 언급한 후 자신의 의견을 피력한다. 또는 아래와 같이 말한다. "제 의견은 조금은 다릅니다." "제 의견을 한 가지 덧붙여서 말씀드리겠습니다."

마지막으로 묻고 싶은 것이 있나요

별 생각 없이 면접관의 질문에 대답만 하던 지원자는 "마지막으로 묻고 싶은 것이 있나요?"라는 질문에 갑자기 당황하기 일쑤다. '대체 뭘 질문하라는 거야?' 이때 "없습니다. 궁금한 점은 다 말씀해주신 것 같습니다"라고 말하는 지원자는 솔직히 매력 없다. 우리 회사나 직무에 별 관심도, 호기심도 없어 보이기 때문이다. 또는 이때 연봉, 복리후생, 휴가 등을 묻는 사람도 있는데, 아직 합격한 것도 아닌 상태에서 자신의 이익만 밝히는 모습으로 비쳐지기도 한다. 가장 궁금하더라도 이런 것들은 나중에 묻도록 하자.

그렇다면 어떤 질문을 해야 할까? 가장 좋은 질문은 면접관과의 대화 속에서 찾아낸 질문이다. 예를 들어 면접관이 했던 말 중에 회사가 성장을 중시한다는 내용이 있다면 구체적으로 어떤 기업문화가 있으며 이와 관련해 직원들이 어떤 활동을 하고 있는지 물을 수 있다. 또, 매년 컨퍼런스를 개최한다는 언급이 있었다면 본인의 직무에서도 컨퍼런스에 참여할 기회가 있는지 물어볼 수 있다.

이런 질문이 좋은 이유는 대화에 집중했다는 증거이기 때문이다. **상대의 말을 경청하고 대화를 이끌어가는 소통 능력이 회사 생활에서는 매우 중요한 역량으로 평가받는다.**

이 외에 쉽게 해볼 수 있는 질문은 해당 업무와 팀에 관한 질문이다. 합격하면 본인이 하게 될 업무와 함께 일할 동료, 팀에 관한 질문이 가장 무난하면서도 업무에 대해 진지하게 생각하는 모습으로 비쳐진다.

- 앞으로 어떤 다양한 업무를 할 기회가 주어지나요?
- 제가 합격한다면 처음에 어떤 업무부터 하게 되나요?
- 이 업무를 수행하는 데 가장 필요한 자질은 무엇인가요?

- 전에 이 업무를 성공적으로 처리한 직원의 업무 스타일은 어땠나요?

- 제 직속 상사가 되실 분은 어떤 분이신가요?

- 팀의 분위기나 업무 스타일은 어떤가요?

- 제가 함께하게 될 팀의 인원은 어느 정도인가요?

- 팀원들끼리 어떤 관계를 유지하는지, 팀워크 행사 등이 있는지 궁금합니다.

이처럼 합격 후 하게 될 업무, 함께 일할 동료, 팀에 대해 자연스럽게 떠오르는 질문들을 하면 된다. 절대로 면접관을 당황하게 만드는 질문은 하지 않도록 하자.

면접을 끝내는 아름다운 마무리 멘트

마지막 질문도 적절히 잘 마쳤고, 이제야 기본 면접 전형(인성/직무 역량 면접)이 끝났다. 면접관의 면접 종료를 알리는 멘트를 들은 직후에는 어떻게 말하고 행동하는 것이 좋을까? "감사합니다" 하고 꾸벅 인사만 하고 나갈 것인가? 뭔가 밋밋하다. 당신의 마지막 인상을 결정하는 아름다운 마무리 멘트까지도 준비해보자.

우선 면접 기회를 준 감사함을 표현하자. 면접을 보면서 해당 직무가 본인에게 잘 맞을 것 같다는 생각이 확고해졌으며, 회사에 대한 애정이 커졌음을 강조하는 것이 좋다. 마지막까지 입사 의지와 열정을 보여주는 것이 핵심이다.

> "오늘 이렇게 면접 볼 기회를 주셔서 감사합니다. 면접관님과 대화를 나누면서 이 일이야말로 제가 원하는 일이고 제가 지금까지 해온 공부와 경험을 바탕으로 회사에 기여할 수 있다는 확신이 생겼습니다. 꼭 이곳에서 일하고 싶습니다!"

많은 구직자들을 만나다 보면 처음 보는 순간부터 '합격!' 하고 마음속으로 점찍어두는 사람이 있는가 하면, 면접이 끝날 때까지도 긴가민가하는 경우도 꽤 많다. 바로 이럴 때 합격의 당락을 결정하는 것이 마지막에 보여주는 '입사 의지'다.

이때 누구나 쉽게 하는 말을 해서는 안 된다. "뽑아만 주신다면 최선을 다하겠습니다. 열심히 하겠습니다." 이런 발언은 밋밋하다. 백이면 백, 다 이렇게 말한다. 진심을 담으면서도 좀 색다르게 표현할 수는 없을까? 회사에 기여하고자 하는 당신의 의지를 짧게라도 담아보자. 이 순간은 '아, 그래? 그 정도로 절실하단 말이지? 그럼 한번 기회를 줘볼까?'라고 생각하게 만드는 최종 판단의 근거가 되므로 잘 활용해야 한다.

단, 주의할 점이 있다. 절실함이 지나친 나머지 면접관 앞에서 눈물을 글썽이는 경우가 간혹 있는데, 나도 초보 대표일 때는 그 눈물에 너무 공감을 했었다. 그런데 그런 사람은 일을 할 때도 감정을 주체하지 못해 툭 하면 울어버리거나 주변 사람들을 당황하게 만드는 경우를 꽤 많이 봐왔다. 아무리 간절할지언정 절대 눈물을 보이지는 말자.

합격을 위한 DAY 6 미션

과제를 하나씩 완성할 때마다 합격 도장을 찍으세요.

작성 및 숙지	자연스럽게 말하기 연습 (최소 3회 이상)			합격
1020 여성을 위한 화장품 기획	1	2	3	합격
저출산 문제의 원인과 해결 방안	1	2	3	
마지막으로 묻고 싶은 것	1	2	3	
아름다운 마무리 멘트	1	2	3	
오늘의 성찰				

DAY 7
PT · 토론 면접 공략

"나는 젊었을 때 10번 시도하면 9번 실패했다.
그래서 10번씩 시도했다."

– 조지 버나드쇼 –

PT 면접, 대체 왜 볼까

회사에 입사해 업무를 수행하다 보면 예기치 못한 수많은 문제 상황을 맞닥뜨리게 된다. 결국 이를 해결해 성과를 내는 일이 조직에서는 가장 중요하다. 따라서 문제에 대한 분석력, 창의적이고 논리적인 문제 해결 능력, 그리고 이를 다른 구성원과 소통하는 커뮤니케이션 능력이 꼭 필요하다. 프레젠테이션 면접을 실시하면 지원자의 이런 역량을 종합적으로 검증할 수 있다.

솔직히 PT 실력은 벼락치기로 완성되지 않기에 지원자들 간에 실력 차가 클 수밖에 없다. 시간적 여유가 있다면 입사 전 반드시 프레젠테이션 역량만큼은 갖추고 입사하길 바란다. 단순히 입사 자체가 목적이 아니라 한 분야의 전문가로 무럭무럭 성장하길 원한다면 말이다. 어떤 일을 하든 창의적으로 사고하고, 설명하고, 설득하는 능력은 당신의 어깨에 날개를 달아줄 것이다.

자, 당장 코앞으로 다가온 PT 면접. 지원자 대부분이 부담스럽긴 마찬가지다. 이 사실을 위안으로 삼고 끝까지 최선을 다해보자. 마지막까지 어떻게든 노력하는 모습에 면접관이 감동할지도 모른다.

PT 면접은 크게 두 가지 진행 방식이 있다. 첫째, 이전 단계 합격자에게 미리 프레젠테이션 주제를 공지하고 작성해온 PPT 자료를 발표하는 형식이다. 준비할 시간이 충분하기 때문에 완성도가 중요하며 자료 준비, 내용 구성, 발표까지 철저히 임해야 한다. 둘째, 면접 당일 주제를 공지해 준비할 시간(30분~1시간 정도)을 주고 발표(5~10분)한 후 질의응답을 하는 방식이다. 준비 시간이 충분하지 않으므로 해당 업종과 관련된 사안, 이슈 등에 대해 미리 생각을 정리해두는 것이 필요하다.

짜임새 있는 PT 구성 법칙

어떤 종류의 PT든 다음의 OOSSC(Opening - Overview—Storytelling - Summary—Closing) 법칙에 맞춰 발표를 하면 누구나 짜임새 있는 PT를 할 수 있다.

Opening

흥미를 끌 만한 간단한 오프닝 멘트를 생각해보자. 면접관의 관심과 호기심을 자극할 만한 주제와 특별한 오프닝으로 주목을 받으며 시작해보자.

Overview

목차에 해당하는 단계로 PT가 어떤 순서로 진행될 것인지 전체 구조를 간략하게 언급한다.

Storytelling

발표의 핵심 주장과 근거를 제시하는 PT의 본론 단계다. 크게 2~3가지로 나눠 설명하는 것이 가장 논리 정연하게 전달되며, 근거는 스토리텔링(이야기) 형식으로 하면 부드러운 설득이 가능하다. 앞서 익힌 MECE 사고를 기반으로 로직트리를 활용해 하위 내용을 분류해보자. 창의적인 아이디어를 제시하는 발표라면 핵심 아이디어 3가지와 함께 각 아이디어마다 근거를 제시한다. 만일 문제의 해결 방안을 생각해내는 발표라면, 먼저 문제를 정의하고 그에 대한 원인을 밝히고 대안을 제시한다.

Summary

본론에서 제시한 내용을 간략하게 요약해 정리하는 단계다.

Closing

전체 발표를 아우르면서 인상적으로 마무리할 수 있는 클로징 멘트를 준비해보자. 시작과 마지막 멘트가 프레젠테이션의 인상을 크게 좌우한다.

PT 시간이 짧다면 Overview와 Summary 단계는 건너뛰어도 무방하다.

성공적인 PT 면접을 위한 7가지 원칙

첫째, 무엇보다 문제를 정확하게 파악해야 한다. 문제의 맥락과 근본 원인을 정확하게 분석해야 엉뚱한 답안이 도출되지 않는다.

둘째, 창의적 대안을 생각하자. 남들도 다 하는 평범한 생각이 아닌 다른 시각의 참신한 아이디어 제시가 관건이다.

셋째, 논리적 근거와 타당성, 실행 가능성이 있어야 한다. 당연한 얘기다. 아무리 아이디어가 좋다 한들 허무맹랑해서야 되겠는가.

넷째, OOSSC 법칙에 따라 발표하자. 논리적이고 짜임새 있는 PT를 완성하는 비결이다.

다섯째, 자신감 있는 태도와 눈 맞춤이 중요하다. 손에 든 원고가 아닌 면접관과 눈을 맞추며 자신감 있는 태도로 말하자. 면접관이 잘못된 부분을 지적하거든 겸허하게 받아들이면 된다. 괜찮다. 면접관은 당신에게 완벽한 모습을 기대하지 않는다.

여섯째, 목소리는 크게, 말끝은 분명하게 말하자. 작은 목소리로 말끝을 흐리는 순간 단번에 패기 없어 보인다. 큰 목소리로 어미까지 분명하게 들리도록 말하자. 특히 첫인사에서 "안녕하세요? ○○○입니다"라고 힘차게 말해야 면접 내내 자신감을 유지할 수 있다.

일곱째, 제한된 시간을 준수하자. 주어진 시간 내에 핵심 키워드 중심으로 빠르게 준비를 마쳐야 하며, 발표 역시 제한된 시간을 반드시 준수해야 한다.

YouTube 저자 강의
PT를 잘하는 사람의 목소리,
이것이 다르다!

아주 작은 차이로 프로답게 보이는 PT 노하우

아마추어와 프로페셔널 프레젠터의 차이를 만드는 여러 요소 중에서 당장 써먹을 수 있는 꿀팁 3가지를 전하고자 한다.

차별화된 오프닝 멘트를 하라

대부분의 지원자들은 "○○에 대해 발표 시작하겠습니다" 하면서 바로 본론으로 들어간다. 당신만큼은 조금 차별화된 오프닝으로 신선한 주목을 받으며 시작해보자.

- 질문을 던진다.

- 공감할 만한 문구를 인용한다.

- 호기심을 유발한다.

YouTube 저자 강의
주목을 끄는 오프닝 기법

슬라이드 사이에 브릿지 멘트를 하라

파워포인트를 이용한 프레젠테이션을 하는 경우, 슬라이드를 넘길 때마다 잠깐의 침묵이 흐르거나 "다음은 …입니다. 다음은 …입니다"라고 똑같은 문장이 반복되면 지루한 발표가 되고 만다. 전체 내용의 흐름을 완전하게 파악한 상태에서 슬라이드 사이를 부드럽게 연결하는 브릿지 멘트를 준비해보자. 사소해 보이지만 결과는 놀라울 것이다. 유용하게 쓸 수 있는 브릿지 멘트는 다음과 같은 것들이 있다.

- 구체적으로 살펴보면

- 예를 들면

- 관련 통계 자료를 살펴보면

- 요약하면

내용이 전환될 때는 지금까지의 내용을 간략하게 정리하고 다음 내용을 안내한다. "다음은 해결 방안입니다"라고 딱딱하게 말하는 것이 아니라 "지금까지 문제의 원인에 대해 살펴봤습니다. 그렇다면 이를 해결하기 위해서는 어떻게 해야 할까요?" 이렇게 부드럽게 풀어서 말을 이어가자.

바른 자세로 절도 있는 제스처를 하라

발표는 선 자세에서 하기 때문에 조금만 자세가 흐트러지거나 불필요한 동작이 나오면 즉시 눈에 띈다. 바른 자세와 절도 있는 제스처를 몸에 익혀보자. 먼저 양다리에 체중을 고르게 분배해서 바르게 선 후, 두 손은 가볍게 포개어 명치와 배꼽 사이의 높이 정도에 둔다. 이때 팔을 너무 몸에 붙이지 않도록 주의한다.

무선 프레젠터를 쥐었을 때는 두 손을 포갠 상태에서 엄지손가락을 next

버튼 위에 올려둬 이 상태에서 그대로 다음 장을 넘기는 것이 중요하다. 그렇지 않으면 팔을 슬라이드 쪽으로 뻗으며 버튼을 누르는 동작이 반복되어 정말 산만해 보인다. 무선 프레젠터는 TV 리모컨이 아님을 기억하자. 제스처의 활용에 대한 자세한 방법은 아래 소개하는 영상을 통해 꼭 익혀보기 바란다. 입사한 후에 절실히 느끼겠지만, 직장에서 PT 역량은 필수다.

YouTube 저자 강의
제스처의 활용

판서 PT의 요령

PPT를 활용하지 않는 판서 PT의 경우, 판서는 왼쪽 위에서 오른쪽 아래로 간결하게 적어 내려가야 한다. 이때 말하면서 판서를 하거나 뒤통수를 자주 보이면 좋지 않은 인상을 줄 수 있다. 판서 없이 준비한 종이만 보면서 발표하는 경우에는 키워드 위주로 동그라미를 쳐두고 시선은 최대한 종이를 보지 않고 면접관을 바라보도록 하자.

자주 출제되는 PT 면접 주제

다음은 직무별로 출제되었던 PT 면접 주제다. 특히 회사의 영업/마케팅 전략이나 신사업 진출 계획 등은 자주 출제되니 실전처럼 연습해보자.

인사/교육

- 인재 확보 및 육성을 위한 효과적인 채용 방법과 전략을 세우시오.
- 조직 구성원들의 동기부여를 위한 방안을 제시하시오.
- 교육 프로그램을 기획해 발표하시오.

마케팅

- 고객 유치 방안에 대해 발표하시오. ★
- 경쟁사 제품에 대응하기 위한 자사 제품의 차별화된 마케팅 전략 방안을 제시하시오.
- 미국 시장에 자사 제품 진입 시 광고 및 판촉 전략을 세우시오.

영업

- 당사의 영업/마케팅 전략을 세워 발표하시오.★
- 세계 경제 불황 속에서 소비자의 주머니를 열기 위한 전략적 방향을 제시하시오.
- 고객 및 거래처를 설득하기 위한 자신만의 방법을 발표하시오.

기획

- 신사업 진출 계획을 수립하고 제시하시오.
- 급변하는 경영 환경 아래서 중장기 사업 계획의 필요성을 발표하시오.
- 현재 우리 회사 사업 영역의 적정성을 파악하고 개선 방향을 제시하시오.

재무

- 환율 하락/상승에 대한 대처 방안을 제시하시오.★
- 금융 위기가 우리 회사에 미치는 영향과 재무적 관점에서의 위기 탈피 방안을 세우시오.
- 자본 시장법이 당사 업종에 미치는 영향을 발표하시오.

구매

- 우리 회사에 맞는 적절한 SCM 방안을 발표하시오.

- 구매 부서 입장에서 재고를 최적화할 방안을 제시하시오.

- 구매 비용을 절감할 방안을 세우시오.

품질

- 품질비용을 감소시킬 방안을 세우시오.

- 품질관리 우수 기업의 사례를 제시하고 적용 방안을 제시하시오.

- 품질 부서의 미래 지향적 역할을 정의하시오.

시사 이슈

- 청년실업률 해결 방안을 발표하시오.

- 고령화 사회 대응 방안을 발표하시오.

- 4차 산업혁명 시대 우리 회사의 방향성을 제시하시오.

[연습] 프레젠테이션 개요 작성하기

주제	
Opening	안녕하십니까? 지원자 ○○○입니다. 지금부터 발표를 시작하겠습니다.
Overview	오늘 발표는 A, B, C 순으로 진행하겠습니다.
Storytelling	먼저 A에 대해서 말씀드리겠습니다.

Summary	지금까지 A, B, C에 대해서 말씀드렸습니다.
Closing	이상으로 발표 마치겠습니다. 경청해주셔서 감사합니다. 질문 있으시면 성의껏 답변 드리겠습니다.

[예시] PT 면접 평가 항목표

평가 기준	내용	상	중	하
분석력	문제의 근본 원인을 잘 파악했는가?			
타당성	주장과 근거가 명확한가?			
	대안의 실행 가능성이 높은가?			
논리력	논리 구조가 탄탄하고, 이해가 쉬운가?			
창의력	새롭고 창의적인 아이디어를 제시하는가?			
발표력	원고에 의존하지 않고, 면접관과 눈을 고루 맞추는가?			
	자신감 있는 태도, 바른 자세를 유지하는가?			
	크고 자신감 있는 목소리, 정확한 발음으로 말하는가?			
	내용에 따라 제스처를 적절히 활용하는가?			
Q&A 대응력	질문에 당황하지 않고 차분하게 대응하는가?			
전체적인 평				

토론 면접을 보는 진짜 이유

회사에 입사하면 회의가 정말 많다. 새로운 아이디어를 적극적으로 내야 할 뿐 아니라 다른 사람의 의견도 잘 듣고 수렴하면서 가장 좋은 해결책을 찾아내야 한다. 만약 회의 때 자기주장만 내세우고 다른 사람의 말을 잘 듣지 않는다면? 꿔다놓은 보릿자루마냥 아무 생각 없이 앉아 있기만 한다면? 주제와 상관없이 논점을 흐리는 발언을 자꾸 한다면? 회의가 원활하게 이뤄질 리 없다. 이런 이유로 토론 면접을 보는 것이다.

토론 면접을 볼 때 다른 지원자들보다 멋지게 발언하고 싶은 마음, 찬반 토론에서 기필코 승리하고 싶은 마음은 충분히 이해한다. 하지만 모두가 자기 생각만 옳다고 주장한다면 합의점을 도출할 수 없다. 토론의 목적은 다른 사람을 설득하는 것이 아니라, 합의해서 최선의 방법을 도출하는 것이다. 즉, 상대의 말을 잘 듣는 것, **경청이 먼저다.** 이를 바탕으로 부드럽게 의견을 개진하고 어떤 면에서는 양보, 타협하는 커뮤니케이션 역량이 요구된다.

토론 면접을 잘 보는 방법

먼저 상대의 말을 경청하자. 토론의 흐름을 파악하고, 상대의 의견에 적절한 반론을 제기하기 위해서는 일단 잘 듣는 게 먼저다. 상대가 얘기할 때 고개를 숙이고 필기를 하는 경우가 많은데, 듣지는 않고 자기 발언만 준비하는 것처럼 보일 수 있으니 주의해야 한다. 상대의 발언을 들으며 핵심 키워드 위주로 빠르게 적고, 종종 눈을 맞추며 고개를 끄덕이는 등 적절한 반응을 해야 한다. 반대 의견일지라도 고개를 갸웃거리거나 찡그리는 등 부정적 제스처를 취하면 안 된다.

논지를 흐리지 말자. 반박을 위한 반박이나 말꼬리 잡기 식의 진행은 논지를 흐리고 주제에서 벗어나게 한다. 자기가 말할 기회만 엿보며 조용히 있다가 갑자기 전체 흐름과는 동떨어진 발언을 불쑥 하는 것도 주의해야 한다. 전반적 토론의 흐름에 자연스럽게 녹아들도록 하자.

발언을 할 때는 두괄식으로 표현하자. 자신이 전하고 싶은 핵심 메시지를 먼저 말하고, 이어 주장하는 이유와 근거, 사례를 제시하자. 두괄식으로 말하지 않으면 말이 장황해지기가 쉽다. 최대한 군더더기 내용은 빼고 간결하게 말하되 근거와 사례는 두루뭉술한 내용보다 구체적인 사실일수록 설득력이 있다.

긍정적 단어를 선택하자. '틀렸다', '불가능하다', '옳지 않다' 등의 부정적인 단어는 자신의 뜻을 완강하게 고수하면서 수용의 여지가 없는 것처럼 비쳐질 수 있다. 특히 반론을 제기할 때는 인정할 부분은 먼저 인정하고 '…에 대한 개선이 필요하다'는 식의 긍정적인 표현을 하는 것이 좋다.

토론 중에 감정이 격해지더라도 **감정 조절을 하면서 끝까지 매너를 지키자.** 상대편이 당신의 발언을 물고 늘어진다면 당황스럽고 기분이 나쁠 수 있다. 반대로 자신이 잘 아는 주제가 나올 경우, 의기양양하게 발언을 독차지하면서 상대를 코너로 몰아갈 수 있다. 말을 논리적으로 설득력 있게 하는 것보다 중요한 건 상대를 배려하는 태도다. 토론은 이기고 지는 게임이 아니므로 감정적으로 받아들이지 말고, 끝까지 매너를 지키자.

토론 면접, 이렇게 진행된다

토론 면접의 진행 과정은 회사마다 약간씩 다를 수 있으나 일반적으로 다음 표와 같다. 면접에는 보통 찬성/반대 팀에 각 4명씩 8명이 들어간다. 본격적인 토론은 기조연설, 중간 반박, 최종 변론으로 이뤄지는데 각자 1분씩만 발언한다 해도 24분이다. 즉, 전체 토론이 40여 분 정도 걸리는 것을 감안하면 개인별 발언 기회가 많지도, 길지도 않다. 당신에게 주어지는 기조연설, 중간 반박, 최종 변론만 잘해도 좋은 점수를 얻을 수 있으니 걱정하지 말자.

구분	토론 면접 과정	세부 진행 상황
준비	대기실 입장 조 구성 및 인사	별도의 대기실로 이동한 후 호명과 지시에 따라 조가 결정된다. 함께 참가할 조원 간에 인사를 나누는 시간을 갖는다.
	주제 확인	토론 주제를 수령하고 내용을 확인한다.
	찬성/반대로 팀 구분	조원의 의견을 통해 찬성/반대로 구분하거나 미리 정해진 찬성/반대 팀으로 모인다.
	전체 흐름과 세부 의견 교류	토론의 결론을 논의하고 접근 방향에 대한 세부 의견을 교류한다.
	면접장 입실	토론 면접 장소로 이동해서 면접관에게 인사한 후 바르게 착석한다.
	규칙 및 과정 숙지	면접관이 전하는 토론 시간, 규칙 등을 경청 후 숙지한다.
	노트에 필기 준비	조원의 위치에 따라 이름을 적고, 내용을 적을 수 있는 표를 미리 그려놓는다.
본격 토론	기조연설	각 팀의 기조연설을 한 사람씩 한다.
	반론 제기	상대방 의견에 대해 반론을 제기한다.
	반론 대응	반론에 대응 의견을 제시한다.
	소속 팀 의견 보충	같은 팀의 의견이나 반론에 대해 보충한다.
	시간 확인	시간 내에 결과가 도출될 수 있도록 한다.

본격 토론	토론 내용 정리	양측 의견을 조합해 대안 선택의 순서로 넘어갈 준비를 한다.
	최종 변론	최종 대안 선택 후 고려 사항 등에 대한 의견을 교류한다.
마무리	질의응답	토론 면접관의 질문에 답한다.
	퇴장 인사	퇴장 인사를 한 후 면접 대기 장소로 이동한다.

토론 준비

토론 주제가 주어지면 찬성/반대의 입장을 재빨리 정리해야 한다. 찬성/반대 측 의견 결정이 자의로 이뤄지지 않는 경우가 있으므로 두 입장을 다 정리한다. 찬성/반대 입장이 이미 결정되어 있는 경우 자신의 의견 위주로 정리하고 상대방에 대한 반박 및 자신의 의견에 대한 상대방의 예상 반박도 간단히 생각해놓으면 좋다. 주제를 받으면 잠깐 정리할 시간을 줄 텐데, 그때 종이 위에 다음과 같이 정리해보자.

찬성	반대
나의 의견	나의 의견
상대방 의견 정리(키워드)	상대방 의견 정리(키워드)
반박할 내용	반박할 내용

최종 의견

기조연설

처음에 돌아가면서 한 명씩 기조연설을 한다. 당신이 찬성 팀에 속하면서 기조연설을 제일 처음에 해야 하는 상황이라면 "찬성 팀 의견 말씀드리겠습니다"로 시작하면 된다. 다른 사람들이 기조연설을 할 때는 그들의 의견을 키워드 위주로 정리하며 듣는다.

> "찬성 팀의 의견 말씀드리겠습니다. (근거 제시) 따라서 저는 이 주제에 대해 찬성합니다."

중간 반박

각 팀이 한 번씩 기조연설을 한 후 본격적인 토론으로 접어드는데, 기조연설 시 종이에 적어두었던 의견 중 가장 근거가 취약한 발언에 대해 반박을 해보자. 반박의 패턴은 다음을 따르는 것이 좋다.

> "찬성 팀(반대 팀) 의견 잘 들었습니다. 찬성 팀(반대 팀)에서 A라는 의견을 제시하셨는데요. 저는 그렇게 생각하지 않습니다. 이유는 …이기 때문입니다. (근거 제시) 이상입니다."

근거를 제시할 때는 "그에 대한 근거로 3가지를 말씀드리겠습니다. 첫째, 둘째, 셋째…" 이렇게 개조식(번호를 붙여가며 짧게 요점을 나열하는 방식)으로 말하면 발언 자체가 상당히 논리적으로 들린다. 그리고 상대의 주장에 반박 질문을 할 때는 다음과 같이 하면 된다.

> "찬성 팀(반대 팀) ○○○님의 의견 잘 들었습니다. 주제에 대해 A라는 의견을 제시하셨는데요. 궁금한 점이 있는데, 질문을 한 가지 드려도 될까요?"

또한 상대편의 의견이더라도 새로운 관점의 질문이나 의견이 나오면 다음과 같이 수용하고 칭찬하는 표현을 하는 것이 토론의 흐름을 부드럽게 한다.

> "예리한 질문을 해주셨습니다."
> "네, 그렇게 생각해볼 수도 있겠네요."
> "새로운 관점의 의견이네요."
> "논리적인 답변 감사합니다."
> "제가 간과했던 부분에 대한 의견 감사합니다."

자기 팀을 구제해야 하는 경우나, 팀이 발언한 내용 중에 뭔가 더 보충하고 싶을 때는 "네, 저희 쪽 의견에 한 가지 덧붙여 말씀드리면…"이라고 말하면서 의견을 개진하면 된다.

최종 변론

최종 변론에서는 자신의 초기 주장에서 상대방의 의견을 끌어안으며 어느 정도 수용한 모습을 보여주는 것이 좋다. 끝까지 자신의 의견만을 외골수처럼 고집하거나 완전히 중립적인 의견으로 넘어가지 않도록 주의한다.

> "네, 최종 의견 말씀드리겠습니다. (초기 의견)은 이랬지만 (상대방의 의견)과 같은 문제가 발생할 수 있으므로 이를 보완할 수 있는 방안이 마련되어야 할 것입니다. 이상입니다."

다시 한 번 강조하지만 토론 면접에서 가장 중요하게 보는 것은 상대를 존중하는 매너 있는 태도와 주장에 대한 타당하고 설득력 있는 근거 제시다. 특히 위에서 제시한 말하기 패턴을 익혀 따르도록 하자. 토론 면접 평가 항목표에서 확인할 수 있듯이 무턱대고 상대 의견을 반박하고 자기주장만 하는 사람, 상대가 이야기하는 도중에 끼어드는 태도 등은 논리적으로 수준 있는 발언을 하더라도 절대 좋은 점수를 얻을 수 없다.

토론 면접에서 어떤 문제가 출제될지는 면접장에 가봐야만 알 수 있다. 평소 사회 이슈에 대해 각각의 찬반 논리를 정리한 후 말하는 훈련을 해보자.

당장 그것이 어렵다면 토론 시 잘 경청하면서 자신에게 주어지는 발언 기회를 위 말하기 패턴에 따라 매너 있게 말해보자. 낯설고 어려운 주제라도 끝까지 포기하지 않고 최선을 다해 발언하는 것을 목표로 토론에 임하자. 면접 날짜까지 시간적 여유가 있다면 아래의 토론 문제와 평가 항목표를 참고해 친구들과 함께 실전처럼 연습해보자.

[**연습**] 토론 면접 주제

1. 성범죄자 신상 공개 찬반 토론

2. 병역특례제도 폐지 찬반 토론

3. 생체인증(생체정보인증)에 대한 찬반 토론

4. 로봇세(Robot tax) 도입에 대한 찬반 토론

5. 복지를 위한 증세 필요성에 대한 찬반 토론

6. 동물실험(의약품, 화장품)에 대한 찬반 토론

7. 수술실 CCTV 설치 의무화(법제화) 찬반 토론

8. 비트코인 등 가상화폐 제도화(규제철회) 찬반 토론

9. AI 고도화(인공지능 발전 고도화)에 대한 찬반 토론

10. 소년법 개정(청소년범죄 처벌 강화)에 대한 찬반 토론

토론 면접 평가 항목표

토론 과정	내용	상	중	하
의견과 논증	논제에 대해 명확하게 파악했는가?			
	주제와 부합하는 의견을 일관성 있게 개진하는가?			
	주장에 대한 근거가 타당한가?			
논증과 설득	타인의 견해를 경청하고, 요점을 정확히 파악하는가?			
	핵심 사안에 관한 의견을 적절하게 제시하는가?			
	설득의 과정이 이성적, 논리적인가?			
	객관적이고 다양한 관점으로 설득하는가?			
설득과 대안 선택	상대방의 이해와 동의를 이끌어내는가?			
	타인과 합의점을 찾기 위해 노력하는가?			
	갈등에 얼마나 잘 대처하는가?			
	다양한 의견을 수렴해 논제 및 방향을 일치시키는가?			
전반적 참여	토론 면접에서의 태도는 친화적이고 긍정적인가?			
	토론 면접에서의 자세는 적절한가?			
	의견 개진에 선택된 단어 및 표현은 적절한가?			
	토론 면접 참여자와의 협동심은 좋은가?			

전체적인 평				

합격을 위한 DAY 7 미션

과제를 하나씩 완성할 때마다 합격 도장을 찍으세요.

작성 및 숙지	자연스럽게 말하기 연습 (최소 3회 이상)			합격
지원 회사의 영업 마케팅 전략 PT	1	2	3	(합격)
신사업 진출 계획 수립 PT	1	2	3	
토론 주제 1	1	2	3	
토론 주제 2	1	2	3	
오늘의 성찰				

D-DAY
최상의 컨디션
유지를 위한 전략

"해보지 않고는 당신이 무엇을 해낼 수 있는지 알 수 없다."

– 프랭클린 애덤 –

긴장을 풀고, 최선을 다하라

드디어 D-DAY 면접일이다! 긴장하지 않을 수가 없다. 지극히 자연스러운 반응이다. 면접관이 봐도 전혀 어려운 기색 없이 천연덕스럽게 말하는 사람보다는 조금 긴장하는 모습이 인간적으로 느껴진다. 그러나 지나치게 긴장하면 자신의 본모습을 보여주지 못할 수 있으므로 어느 정도의 마인드 컨트롤은 필요하다.

다음과 같이 생각해보는 건 어떨까?

인생은 선택의 연속이다. 내가 하는 크고 작은 선택이 얽히고설켜 인생이라는 큰 그림을 그려나간다. 면접은 인생이 바뀔 수 있는 절호의 기회다. 면접의 결과에 따라 하루 종일 어떤 창밖 풍경을 보며 일할지가 결정되고, 하루 중 대부분의 시간을 보낼 공간이 정해지며 만나는 사람이 달라진다. 당신의 행복은 시간, 공간, 사람에 좌우된다.

물론 우연한 사건과 만남이 내 삶의 향방을 결정하기도 하지만 면접만큼은 내가 선택한 기회다. 내가 만든 기회이니 두려워 움츠러들지 말고 당당하게 기회를 거머쥐자. 어떤 후회도 남지 않도록 최선을 다 해보자!

오늘은 최상의 컨디션을 유지하는 것이 중요하다는 것쯤은 잘 알고 있으리라. 어제 저녁 일찍 잠자리에 들고, 아침에 개운한 기분으로 깼는가? 가볍게 식사를 마친 후 다음 순서대로 면접 당일에 해야 할 준비에 차분히 임하도록 하자.

1. 전신과 얼굴 스트레칭

먼저 전신 스트레칭을 통해 온몸의 긴장을 풀어보자. 몸이 풀려 있어야 마음과 말이 활짝 열려 상대에게 다가가는 법이다.

스트레칭으로 온몸의 긴장 풀어주기

이어서 'ACTIVITY 2'의 자연스럽고 밝은 표정을 위한 얼굴 스트레칭을 5분간 해보자.

아~에~이~오~우~

미나리~ 개나리~

개구리~ 뒷다리~

위스키~

2. 자신감을 상승시키는 파워 포즈 & 긍정 구호 외치기

온몸을 잔뜩 움츠린 자세와 가슴을 펴고 허리를 꼿꼿하게 세운 자세, 둘 중 어느 자세가 더 자신감 있어 보일까? 당연히 후자다. 그런데 단순히 보이는 것뿐만 아니라 실제로 자세에 변화를 주는 것만으로도 자신감이 충전된다. 아래 그림처럼 양손을 허리에 대고 의기양양한 '원더우먼 자세'나, 양팔을 벌려 환호하는 듯한 '승리자의 자세'를 거울을 보며 약 2분간 취해보자. 내게 힘을 주는 파워 포즈 자세를 유지한 상태에서 큰 소리로 긍정의 구호를 외쳐보자.

나는 멋있다!

나는 자신감이 넘친다!

나는 할 수 있다!

나는 반드시 합격한다!

나는 나를 믿는다!

파워 포즈 취하기

3. 신뢰와 호감을 주는 보이스 트레이닝

신뢰를 주는 안정적인 목소리를 내기 위해 목도 풀어보자.

    음~~~마~~~~~

    음~~마~메~미~모~무~

부드러운 공명음이 온 방 안을 감싸도록 해보자. 그런 다음 이번에는 문장을 한 음절씩 늘여서 발성해보자.

안~녕~하~십~니~까~

○~○~○~입~니~다~

첫인상을 좌우하는 인사는 밝고 활기차게! 시작이 좋아야 마무리도 좋다. 'ACTIVITY 1'을 참고해서 10분 정도 보이스 트레이닝을 해보자.

4. 당일 시사 뉴스와 면접 답변 소리 내어 읽기

면접에서는 간혹 시사 문제로 당일의 이슈를 묻기도 한다. 주요 일간지의 오늘 1면 기사 내용을 소리 내어 읽어보자. 내용도 확인하고 목도 풀 겸 큰 소리로 읽어보는 것이다. 이어서 자기소개, 지원 동기, 자신의 장단점 등 면접의 주된 질문에 대해 그동안 작성한 답변 내용도 소리 내어 읽어보자. 혹은 키워드 중심으로 눈으로 익히면서 중얼중얼 말을 이어나가는 연습도 좋다. 이때 실제 면접 상황을 머릿속에 이미지로 그려보는 것도 도움이 된다. 당신은 성심성의껏 이야기를 하고 있고, 당신의 말에 귀 기울이며 고개를 끄덕이는 면접관의 모습을 상상해보자.

5. 늦어도 30분 전 회사에 도착하기

충분히 여유를 갖고 집에서 출발해 늦어도 30분 전 회사에 도착하도록 한다. 면접 시간에 늦는다는 건 이미 떨어진 것이나 마찬가지다. 비즈니스의 기본은 신뢰인데, 시간 약속을 어기는 사람과 누가 함께 일하고 싶을까. 길이 막힐 수 있는 모든 상황까지도 고려해 무조건 일찍 출발하자. 만일 부득이하게 늦을 것 같으면 반드시 인사 담당 직원에게 연락을 취해야 한다. 간혹 아무런 연락 없이 면접장에 나타나지 않는 경우도 있는데, 상당히 매너 없는 행동이다. 오늘 내가 한 아주 사소한 행동 하나가 미래의 어느 지점으로 연결될지 알 수 없다. 어떤 경우든 매너를 지키자.

6. 회사에 들어가는 순간부터가 면접이다!

회사 정문을 열고 들어가는 순간부터 면접이 시작된다고 생각해야 한다. 특히 대기 시간과 면접이 모두 끝나고 나가는 순간까지도 모두 면접이다. 회사에서 당신이 보여주는 태도와 표정, 행동 하나하나가 여러 직원들의 눈에 포착되고 있다는 사실을 기억하자. 회사에서 만나는 모든 사람에게 밝은 표정으로 인사하고, 대기 장소에 앉아 두리번거리거나 휴대폰만 만지작거리기보다는 답변 정리한 내용을 살펴보면서 차분히 시간을 보내길 바란다. 실제로 면접관은 직원들(면접 진행 요원)에게 면접실 밖에서의 지원자들에 대한 의견을 묻고 당락에 반영하는 경우가 많다. 면접장 안에서 아무리 좋은 평가를 받았어도 대기실에서 태도가 좋지 않으면 탈락할 수 있다. 면접관의 눈이 미치지 않는 곳에서의 모습이 그 사람의 본모습이기 때문이다.

7. 마지막까지 최선을 다하기

면접 결과는 최종 통보를 받기 전까지는 알 수 없다. 면접이 끝난 후 회사 내부에서 논의를 하면서 당락이 바뀔 수도 있다. 그러니 결과는 하늘에 맡기고, 면접에서만큼은 할 수 있는 최선을 다하길 바란다. 예상한 질문이 나오지 않을 수도 있고, 생각한 만큼 답변을 시원하게 못 할 수도 있다. 심지어 면접관의 지적을 받을 수도 있다. '앗! 이번 면접은 망했다'는 최악의 생각이 들더라도 끝까지 포기하지 않는 자세가 중요하다. 마지막까지 예의 바르게 최선을 다하라.

세상에 첫발을 내디딘
그대에게

얼마 전 인터뷰를 하면서 이런 질문을 받았다.

"20대의 나에게 해주고 싶은 말이 있다면요?"

그때 내 입에서 툭 튀어나온 말은 이랬다.

"지은아, 아무것도 두려워하지 마. 그냥 너 자신을 믿고 뭐든 하면 돼! 꽃다운 젊음이 있는데 뭐가 그렇게 걱정이니?"

난 걱정이 많았다. 20대 초반에 갑자기 찾아온 가난으로 학비에 생활비 걱정을 해야 했고, 공부만 해온 내가 사회에 나간다는 게 걱정되었다. 대체 내가 뭘 할 수 있을까? 난 아무것도 할 줄 모르는데. 낯선 어른들의 세상 속으로 들어간다는 건 정말이지 너무나 두려웠다.

그럼에도 불구하고 내가 가장 잘한 일이 있다면 내면의 목소리에 끊임없이 귀를 기울였다는 점이다. 어떤 삶을 살고 싶은지, 진정 가고 싶은 길은 무엇인지 계속해서 물으며 나의 길을 뚜벅뚜벅 걸어갔다. 가끔은 신이 나 춤을 추며 뛰었고, 또 가끔은 철퍼덕 주저앉아 서럽게 울기도 했다. 절대 평범하지도, 평탄치도 않은 지난 20년을 보내고 나니 이것 하나만큼은 분명히 말할 수 있다. 제 갈 길을 아는 사람에게 세상은 길을 비켜준다고. 그리고 세상 모든 일에는 이유가 있다고.

잘 다니고 있던 충주 MBC에 사표까지 던져가며 치렀던 서울 지상 파 방송국 공채에 다 떨어지고 나니 정말 막막했다. 그런데 만일 그때 합격했다면 과연 강사로, 작가로, CEO로 활약하는 지금의 삶이 있었을까? 새로운 길을 찾으려는 생각조차 했을까? **아무리 두드려도 열리지 않는 문이 있다면 그건 내 길이 아니라는 의미다. 이 문이 열리지 않으면 또 다른 문이 열린다. 가슴 속에 생동하는 꿈이 있고, 쉼 없이 노력하는 한 새로운 문은 계속해서 열린다.** 좌절하고 낙담할 필요가 없다. 다른 사람을 부러워할 것도 없다. 다 자신만의 인생길이 있고, 자기 길을 재미나게 걸어가면 그만이다.

20대 중반부터 나와의 대화를 노트에 빼곡하게 써왔다. 인생의 꿈, 역경, 고뇌, 성찰, 배움의 스토리로 가득한 나의 시크릿 노트. 강의라는 분야에 첫발을 내디뎠을 때 난 노트에 이렇게 썼다. '내 분야 최고의 전문가가 되자! 30대에 세 권의 책을 쓰리라.' 결국 다섯 권의 베스트 & 스테디셀러를 쓴 후 40대를 맞았다. 어떤 일을 하든 그 분야에서 최고의 전문가가 되면 그 외의 바람들은 자연스럽게 이뤄진다.

성실, 정직, 열정, 바른 마음가짐과 태도는 면접뿐만 아니라 삶 전체를 통틀어 엄청난 힘을 발휘한다는 것을 배웠다. 지금 이 순간 어떤 마음으로 살아가느냐에 따라 삶의 향방은 얼마든지 달라질 수 있다. 당신 내면의 힘을 믿어라. 내 삶은 내가 만들어가겠노라고 선언하라.

당신의 아름다운 인생을 응원한다.
눈부신 젊음이 있는데, 뭐가 걱정인가!

KI신서 8055

7일 안에 끝내는
면접 합격 시크릿

1판 1쇄 발행 2019년 3월 8일
1판 2쇄 발행 2022년 1월 7일

지은이 우지은
펴낸이 김영곤 **펴낸곳** (주)북이십일 21세기북스

디자인 조성미 **일러스트** 달다
출판마케팅영업본부 본부장 민안기
출판영업팀 김수현 이광호 최명열
제작팀 이영민 권경민

출판등록 2000년 5월 6일 제406-2003-061호
주소 (10881) 경기도 파주시 회동길 201(문발동)
대표전화 031-955-2100 **팩스** 031-955-2151 **이메일** book21@book21.co.kr

(주)북이십일 경계를 허무는 콘텐츠 리더

21세기북스 채널에서 도서 정보와 다양한 영상자료, 이벤트를 만나세요!
페이스북 facebook.com/jiinpill21   포스트 post.naver.com/21c_editors
인스타그램 instagram.com/jiinpill21   홈페이지 www.book21.com
유튜브 www.youtube.com/book21pub

서울대 가지 않아도 들을 수 있는 **명강의!** 〈서가명강〉
유튜브, 네이버, 팟캐스트에서 '**서가명강**'을 검색해보세요!

ⓒ 우지은, 2019
ISBN 978-89-509-8012-2 03320